グループサウンズ

近田春夫

文春新書

1381

グループサウンズ◎目次

構成・聞き手（第1部のすべて）：下井草秀
本文注：編集部

まえがき

グループサウンズとは何なのか。何だったのか。

思えば折に触れそのことを考え続けて来た人生！　とはいささかオーバーなれど、これまでもGSについて書かれたものは、まぁ結構目を通してきた方だとは思う。それで異論というほどでもないのだけれど、率直に申せば、それこそやれ〝B級〟だのなんだのと、いささかマニアックな内容のものが多過ぎやしまいか？

無論。私も風流は決して嫌いとはいわぬ。

しかし。誰もが知るヒット曲でお馴染みの、素人にもそれと名のわかるグループに出来得る限り焦点を絞り、ムーヴメント／ブームの検証を試みるという〝全然渋くない企画〟もあってよいのでは？

そんな気持ちが年を追うごとにますます強くなってきた。とはいえ一冊ものするとなればそれはそろそろ手をつけないとまずい。なにせ私も、もう古希を過ぎているのだから！

という訳で、とりあえず大まかなフォーマットを考えた。

まずブーム前夜の様相や背景のざっとした解説（てか豆知識ですかね）から〝カテゴリーとしてのＧＳ〟の定義へと進み、一種社会学的にその興亡の意味などを考察するといった構成を組む一方、当時ＧＳ界のトップに君臨していたアーティスト、また重鎮作家に、インタビューのカタチで話を聞くという二本立てはどうか。

イメージは固まった。

取り上げるのは、スパイダース、ブルー・コメッツ、タイガース、テンプターズ、ゴールデン・カップス、ジャガーズ、オックス、ワイルド・ワンズ、ヴィレッジ・シンガーズ。

それぞれ大ヒット曲を持つＧＳを代表するグループだが、バンドとしての生い立ちや方向性はそれぞれバラバラだ。

この９組の発生から消滅に至るまでを、発表されたレコードそれぞれの印象とともに時系列的に追ってみることでＧＳの輪郭、本質はある程度浮き彫りになってゆくのではないか。

インタビューに関しては、こちらは検証というよりもう少しざっくばらんな、シーンの空気／ブームの裏側などが思い起こされるような方向のものが良いかもしれないと考えた。

日頃から懇意にしてもらっている元ゴールデン・カップスのエディ藩《ばん》（通称コウちゃん）から、元タイガースの瞳みのるさんとはGS時代以来の付き合いがずーっと続いているという話は前に聞いていたので、これは渡りに船。是非ともご両人にまずは登場願わねば！　何といっても、同じGSとはいえ両極端に位置するのがこの二つのグループであるのは周知のこと。「貴重なエピソード満載の巻」にならぬ訳がない。瞳みのるさんの連絡先はコウちゃんから教えてもらった。

重鎮作家は鈴木邦彦さんと決めていた。というのも邦彦さんはGSのみならず、時の〝和製ポップス〟の立役者だったからだ。そのあたりの時代の業界ならではの匂いなどについても一度は詳しく伺っておきたかったのである。

お願いをしたら邦彦さんは快く取材を引き受けてくださった。本当にありがとうございます。

そんな感じでお膳立てがととのえば、あとはライターの下井草秀の都合だけである。あいつも忙しいからなぁ……。

下井草とはふた回り近くも歳が離れているのに、何について話をしようとも、まず大抵の場合、年齢差を感じることがない。無論、それはなにより下井草の際立った情報収集能力の賜物ではあるのだけれど、今回もまた然りで、ＧＳといえば下井草の生まれた頃の出来事なのである。それがよくもまぁ俺のような専門家（笑）！　を相手にこれだけ自然なやりとりが出来るものだと感心してしまった。とはいえ流石にこれはリアルタイムを経験していないなと思わせる場面もいくつかあった。

例えば冒頭。下井草によれば、アストロノウツのヒット曲「太陽の彼方に」は、日本語歌詞のカバーヴァージョンが話題になったというのだが、私の記憶では当時これはそこまでの反響はなく、ちゃんとヒットしたのは、ずっとあとゴールデン・ハーフがリバイバルで吹き込んだ時である。

一体下井草のアタマのなかにはどんなＧＳの世界が広がっているのだろう？　それであえてゲラ修正をしなかった箇所もある。

いずれにせよ、この名編集者は、一を聞いて十を知るというか、それこそ私の言葉に足らなかったものをさりげなく、さも私の発言のようにして混ぜたり加えたりして、もっともらしいものに仕上げてくれるのである。

いつも感謝です。

おかげさまでこうして素晴らしい形にすることが出来た。

ごく私的なＧＳの思い出ゆえ、つっこみどころも満載ではあるが、話の種にはなると思う。皆様には楽しんでいただければ幸いである。

【第1部】　近田春夫によるグループサウンズ論

プロローグ　まず、エレキありき

エレキの衝撃

近田　グループサウンズ（ＧＳ）は昭和40年代前半の日本に狂い咲いた、音楽の大ムーヴメントだった。とはいえ、ＧＳが隆盛を誇ったのはじつに短い期間なんだよね。

（※以下、年の表記は昭和期は年号、平成以後と洋楽には西暦を用いた）

――一般的にＧＳは昭和40年にはじまったとされていますが、43年にはそのピークを迎えて１００を超えるグループがレコードデビューを果たしました。しかし、46年にはほとんどのグループが消滅してしまいます。その隆盛は正味のところ、41年から45年の5年間と目されています。

近田　これからその歴史を掘り下げていくんだけど、まずは、その前史に当たるエレキブームについて語ることから始めなければならないと思うんだよ。

――当時、エレキの登場はどれだけ衝撃的だったんですか。

近田　初めて聴いた時、これはサックスか何かの管楽器かと思ったんだけれど、ギターの音色が電気的に増幅された音だということは、後で分かったわけ。電気的に増幅された音量のバカでかさによって、従来の楽器群の間に存在したプライオリティが完全に入れ替えられてしまった。

――エレキギターがトップに君臨しちゃったわけですね。じゃあ、GS前史を語るに当たっては、日本に本格的なエレキブームを引き起こしたザ・ベンチャーズ（※）からということになりますね。

※アメリカのロックバンド。1959年にドン・ウィルソンとボブ・ボーグルが結成し、メンバーを入れ替え現在も活動中。「ウォーク・ドント・ラン」「ダイヤモンド・ヘッド」「パイプライン」など。

近田　いや、そう簡単にはいかない。実は、日本においては、ベンチャーズより先にジ・アストロノウツ（※）の方が人気を得ていたのよ。

※アメリカのバンド。1961年、アストロノウツを名乗る。「サーフィンNo.1」「明日の太陽」などで知られる。活動期間は61～68年。

――サーフィンをイメージしたギターインストゥルメンタルを売りとした、アメリカのグループですね。

「太陽の彼方に」

近田　最初の東京五輪が開催された年に、日本ではアストロノウツの**「太陽の彼方に」**（昭39年4月）がチャートの首位を獲得する。とはいえ、これは極東のみのローカルヒットなんだね。本国アメリカでは、前年に発表されたアルバムの収録曲でしかなく、シングルカットすらされなかった。

――本来は歌詞が添えられていないこの楽曲を、日本では、〈ズッタタ　ズッタタ〉という印象的なギターのリフに、〈のってけ　のってけ　のってけ　サーフィン〉なる歌詞をのせてヴォーカル曲にしましたよね（笑）。

近田　そのカバー曲はそんなに当たらなかったんだけど、アストロノウツの原曲は、日本で本格的なエレキブームを受容する土壌を育てたわけ。だからベンチャーズの登場はその後なんですよ。若者が好むエレキサウンドという分野を開拓したのがアストロノウツで、そしてベンチャーズが席巻することになる。

GSとザ・ビートルズ

近田　日本でそれら本家の域に最も近づいたのは、寺内タケシとブルージーンズ（※）だよね。

※寺内がリーダー、ほりまさゆきがヴォーカルというロカビリーバンドとして出発。昭和38年からエレキバンド化。活動期間は昭37年〜現在。寺内の死後も活動を継続している。

――しっかりとしたテクニックで、日本のエレキ時代を支えた印象があります。なお、件《くだん》の「太陽の彼方に」の藤本好一版では、彼らのグループが伴奏を行っていました。

近田　あと、エレキブームに触れるに当たって見落とせないのは、加山雄三主演の**『エレキの若大将』**（※）だね。あの映画に触発されてエレキギターを弾き始めた若者は多いんだよ。

※昭和40年公開。製作・配給：東宝。挿入歌に「君といつまでも」「夜空の星」。

――あの映画では、寺内タケシ、内田裕也といった面々が役者として顔を見せる。つまり、ロカビリーとエレキ、さらにはグループサウンズの時代をつなぐＶＩＰということでしょうか。

近田　今ではなかなか理解しがたいかもしれないけど、ＧＳ以前の時代においては、歌手とバンドとは、あくまでも別の存在だったの。

『エレキの若大将』

シンガーは、その立場が専属であったとしても、形式としてはゲストとしてフィーチャーされるものだったのよ。寺内さんのブルージーンズは、ほりまさゆきさんや内田裕也さん、尾藤イサオさんをヴォーカルに迎える、というフォーメーションだった。

――それってジャズの時代の考え方ですよね。ヴォーカリストを自明のこととしてバンド内に包摂するようになる時代の象徴であるザ・ビートルズ（※）が来日するのは『エレキの若大将』の翌年、昭和41年のこととなりますね。

※１９５７年、イギリス・リヴァプールで結成されたロックバンド。レコードデビューは62年。ジョン・レノン、ポール・マッカートニー、ジョージ・ハリスン、リンゴ・スター。活動期間は60〜70年。

近田　そこなんだけどさ、日本のＧＳはザ・ビートルズに影響されたムーヴメントだという物言いがされるじゃない。俺、それはぜんぜん見当違いな意見だと思うんだよ。

――えーっ？　いきなり定説を書き換えますね。

近田　彼らの初来日前の昭和39年に、ビートルズのナンバーを安直にコピーしたグループが日本でデビューする。ザ・東京ビートルズ、クレイジー・ビートルズ、クール・キャッツの3組なんだけど、彼らは、意味としてはコーラスグループで、演奏を行っているのは、明らかにスタジオミュージシャンなんだよね。だから、後のＧＳとは目指すスタイル自体がまるで違う。

――歌と演奏が融合したバンドサウンドを突き詰めたものではなかったんですね。

近田　さらに踏み込んで言えば、そもそも初期のビートルズのレパートリーってさ、間奏で長々とギターソロを展開するケースとかはほとんどないじゃない。つまり、たまたまエレキを使っていただけで、代わりにフォークギターで演奏しても済むような曲ばっかりなんだよ。

——エレキブームとの関連は薄いというわけですね。

二つのテレビエレキ番組

近田　その一方、昭和40年6月に、フジテレビで**「勝抜きエレキ合戦」**というオーディション番組が始まる。さらに、3カ月あまり遅れて、10月からは日本テレビで「世界へ飛び出せ！ニューエレキサウンド」という同工異曲の番組が始まるんだ。

——いつの世も、柳の下には二匹目のどじょうが現れる（笑）。

近田　「勝抜きエレキ合戦」には井上宗孝とシャープ・ファイブ（活動期間：昭和38〜55年）が、「ニューエレキサウンド」にはザ・スパイダース（活動期間：昭和36〜45年）が、それぞれハウスバンドとしてレギュラー出演していた。この2組はいずれも、ロカビリ

「勝抜きエレキ合戦」

ー時代からそこそこ鳴らしたキャリアを有するバンドだったわけ。だから、まっさらな新人という感じは醸し出していなかった。

――シャープ・ファイブもスパイダースも今ではGSにくくられますが、そのジャンル名が存在する前の時代から、彼らは活動を始めていたんですよね。

近田　そうなんだよ。だから、グループサウンズというカテゴリーに純粋な新品として収容すべき最初の対象としては、「勝抜きエレキ合戦」で最初に勝抜きを果たし、その賞品であるレコードデビューの権利を得たザ・サベージ（※）こそがふさわしい。

※昭和40年秋、寺尾聰《あきら》、渡辺純一、奥島吉雄が結成したグループ。同年10月「勝抜きエレキ合戦」で4週連続チャンピオン。昭41年7月「いつまでもいつまでも」でデビュー。2曲目の「この手のひらに愛を」のヒットでブルー・コメッツ、スパイダースとともに同年の3大人気グループのひとつに。昭42年1月、人気絶頂にありながら寺尾が脱退し、人気が急降下する。活動期間は昭40～43年。

――寺尾聰が所属したことで知られるグループですよね。

近田　そう。彼らは、オーディションの場では、イギリスのザ・シャドウズ（※）のコピーを中心に、エレキインストを披露し続けたんだ。だから、いざデビューするとなったらどんな曲を発表するのか、本当にワクワクしたもんだよ。

※1958年に歌手のクリフ・リチャードが結成。ビートルズが登場する前のイギリスのポピュラー音楽シーンをリードしたロックバンド。活動期間は58〜68年、その後何度か再結成。

——そのデビュー曲が、昭和41年7月に発売された**「いつまでもいつまでも」**。

近田　この曲には心底驚かされたよ。エレキバンドとしての過激さは微塵も感じられない、カレッジフォーク色の濃いナンバーだったから。ところが、これが大ヒットしてしまうんだ。

——つまり、ベンチャーズともビートルズとも縁遠い。むしろ、同年10月に発売されるザ・ブロードサイド・フォー（※）の「星に祈りを」に近い、ごくごく穏当なサウンドですよね。

※昭和39年、黒澤久雄が結成したフォークグループ。昭41年解散。

「いつまでもいつまでも」

GSのスタートはサベージの「いつまでもいつまでも」

近田　結論めいたことをひとつ言えば、一等最初のそのボタンの掛け違いが、最後までGSの歴史を支配したってことなんだよ。

——ロックのようでありながら、ロックとは言い切れない部分が大きかったということですね。

近田　イギリスでビートルズやザ・ローリング・ストーンズ（※）が登場した背景について詳しくは知らないけどさ、二つ目の結論めいたことを言えば、少なくとも日本において、グループサウンズというムーヴメントは、あくまでもテレビ局が作ったものだったんだよ。

※ブライアン・ジョーンズ、イアン・スチュワート、ミック・ジャガー、キース・リチャーズによって結成されたイギリスのロックバンド。間もなくビル・ワイマンとチャーリー・ワッツが参加。活動期間は1962年〜現在。

――ストリートから発生したボトムアップ的な動きではなかったわけですね。

近田　そう。現実的には、各テレビ局、それから渡辺プロ、ホリプロといった大手の芸能プロダクションが手を組んでブームを主導していた。

――マリオネットを操る存在があったわけですね。

近田　だから、そこにたずさわる人間の世代の差が浮上してくる。これが三つ目の結論めいたことになるけど、GSの楽曲の作り手は、本音を言えばロックになんか興味はない。モダンジャズに夢中だった人たちが、よく分からないけどロックってのはこんなもんだろうぐらいな気持ちで書いた楽曲が、その表層的な勘違いゆえに、不思議な魅力を放ったんだね。それこそがＧＳの魅力の淵源なんだと思う。

――いよいよ、西洋文化の受容史の本質に迫ってきたかもしれません（笑）。

近田　ということで、あなたが言った冒頭の定義に戻ると、僕は、サベージがデビューした昭和41年を、厳密な意味で「ＧＳ元年」と定義したい。

　とはいえ、ここが難しいところなんだけどさ、昭和40年にはスパイダースの「フリフリ」、ブルージーンズの「ユア・ベイビー」がリリースされてはいるんだね。しかしそれらは一部のマニアには受けたけど、一般の認知ではまだまだのレベルだった。レコードの大ヒットがムーヴメント／ブームの起爆剤として大きな意味を持つという視点から語れば、ＧＳのスタートはやはりサベージの「いつまでもいつまでも」という歴史観を提示しておきたいってことなんだな。

――では、ここから、ＧＳの代表的バンドについて各論を語っていきましょう。

第1章　ザ・スパイダース

和製ロックの萌芽を有したスター集団

昭和36年、ザ・スウィング・ウエストのドラマーだった田辺昭知《しょうち》が結成。メンバーは入れ替わるが、田辺のほかに、かまやつひろし、井上孝之、堺正章、加藤充、井上順、大野克夫の7人がフルメンバー。昭40年5月「フリフリ」でシングルデビュー。昭41年9月に出した「夕陽が泣いている」が大ヒット。その後ヒットを連発し、昭43年10月に結成7周年を記念して全曲オリジナルアルバムを発表。その翌年頃からGSが乱立し飽和状態のため、ザ・スパイダースの人気も失速し始め、ヒットが出なくなる。昭46年1月の日劇ウエスタン・カーニバルをもって事実上の解散。

デビュー曲はエレキ歌謡

近田　とりあえず、ザ・スパイダースから入りましょうか。

――スパイダースほど、後の音楽界および芸能界で活躍する要人を輩出したバンドはないですよね。その彼らが**「フリフリ」**でデビューしたのが昭和40年5月です。

近田　作詞作曲とヴォーカルを担当したかまやつひろしさんが、寝坊してジャケットの撮影に遅刻したため、写真に登場しているのはムッシュ以外のメンバー6人（笑）。

――この頃には、まだ世の中にグループサウンズというジャンル名は存在していませんでした。また、彼らのデビューも何かの意味を持つとも思われていませんでした。実のところは、日本人グループによる初の日本語によるオリジナル曲という記念すべきものだったんですけどね。当時は空前のエレキブームで、この曲も、エレキブームの延長線上の商品としてとらえられていた感があります。

近田　その楽曲はあえて言ってみれば、いわゆるエレキ歌謡だよね。ただ、「フリフリ」には、吉田正が作って橋幸夫が歌ったその手の楽曲とは明らかに違う新鮮な感触があった。

――橋さんの曲というのは、「ゼッケン№1スタートだ」（昭39年9月）「恋をするなら」（昭40年8月）などですね。サーフィンやホットロッドなど、欧米で流行した新しいリズムを導入したことから、リズム歌謡とも呼ばれていますが。

近田　「フリフリ」の元ネタは、マーサ&ザ・ヴァンデラス（※）の「ダンシング・イン・ザ・ストリート」（1964年7月）だよね。特にサビなんかはそっくり。この曲は、そこに和風の手拍子を採り入れたところに独自性がある。アメリカのR&Bと日本の寄席芸が融合するというとんでもない世界です。

「フリフリ」

※1962年にデビューしたアメリカの女性コーラスグループ。ヒット曲

はほかに「ヒート・ウェイヴ」など。95年にロックの殿堂入り。活動期間は62～72年。

「越天楽ゴー，ゴー」

――和風の志向といえば、「フリフリ」の次のシングルは**「越天楽ゴー、ゴー」**（昭40年11月）。あの有名な雅楽「越天楽」をエレキインストにアレンジしています。

近田　こちらもまた、まだエレキの時代であったことを強く認識させる曲だよね。大野克夫さんが弾くスティールギター（※）は、シンセサイザーみたいに幻想的なんだよ。

※専用のバーを使ってスライド演奏するギターの一種。ギターを水平に置いたような形態をしている。バーを指にさしてスライドさせるボトルネック奏法とは異なる。

――ピヨ～ンというか、ホワワワ～ンと残響するやつですね。大野さんは元々カントリー&ウエスタンやハワイアンが主体のバンド、ゲイリー石黒とサンズ・オブ・ウエストに在籍していました。

近田　初期GSの特徴のひとつに、スティールギターを弾くメンバーを擁するバンドが多かったことが挙げられる。そういう場合、大概は出自がカントリー&ウエスタンやハワイアンなんだよね。これは日本ならではの現象だよ。同じ頃の欧米のロックバンドで、ステイールギタリストをレギュラーメンバーに抱えるグループってまずないじゃない？
——確かに。言われてみれば日本独特のものだったのかもしれない。

ピークは「サマー・ガール」

近田　スパイダースでは、リーダーでドラマーの田辺昭知さんも、カントリー&ウエスタンのグループであるザ・スウィング・ウエスト出身。そして、かまやつさんは、昭和35年にすでにロカビリー歌手としてソロデビューを果たしていた。スパイダースには、それ以前に別のジャンルでしっかりとキャリアを積んでいるメンバーが多かったんだ。
——その実績もあって、昭和40年10月に始まったエレキ時代末期のテレビ番組「世界へ飛び出せ！ニューエレキサウンド」のハウスバンドに起用されることになったんでしょうね。
近田　そうだね。この番組は、フジテレビで放送されていた「勝抜きエレキ合戦」の向こうを張って、日本テレビが企画したもの。ちなみに、本家「勝抜きエレキ合戦」のハウスバンドは井上宗孝とシャープ・ファイブ（※）だったけど、彼らもまた、ロカビリー時代から揉《も》まれてきた古株だったからね。

※昭和40年6月、フジテレビの「勝抜きエレキ合戦」にレギュラー出演することが決まり、このバン

ド名を名乗る。同番組で模範演奏を披露する同バンドは、エレキ少年の憧れの的に。アルバムを続々とリリースし、日本を代表するエレキバンドとなる。GS時代には「追憶」や「白い雲の彼方に」「旅がらすロック」「網走子守唄」のような歌入りのシングルも発表。昭46年頃までエレキ音楽を続けた。

「ノー・ノー・ボーイ」

「サマー・ガール」

――3枚目のシングルが、またもや、かまやつさんの歌う**「ノー・ノー・ボーイ」**（昭41年2月）。作曲はムッシュ自身で……。

近田　詞は、珍しく田辺昭知さんが書いているんだけど、やっぱり、非常にモテる人だけあって、女心を理解した内容だなと思わされる（笑）。官能の襞《ひだ》に分け入っている。スパイダースは、「フリフリ」みたいなビートナンバーだけが得意じゃないんだと感心したよ。

――一段階奥の深みに到達した感があります。

近田　6枚目となる**「サマー・ガール」**（昭41年6月）は、演奏もコーラスも、明白にザ・ビーチ・ボーイズ（※）を範としている。僕らのように洋楽が好きだった人間からすると、おお、分かってるなあって印象を受けた。そういう観点では、ここがスパイダースのピークだったと思う。

※ブライアン・ウィルソンを中心にして1961年に結成。63年「サーフィンU.S.A.」が大ヒット。66年の『ペット・サウンズ』はポップアルバムの最高峰とされる。その後、30年以上にわたり活動を続ける。

――B面の「なればいい」は、そのサイケデリックな感覚が評価を受け、93年には、アメリカのバンド、ウォルウォーター・コンスピラシーが空耳の日本語でカバーしています。

近田　作詞のオリベゆり（※）は、ミス・ユニバース日本代表に輝きながら、紆余《うよ》曲折を経て21歳の若さで事故死してしまった飯野矢住代《やすよ》の筆名。かなりぶっ飛んだ歌詞だよ。

※昭和25〜46年。ジャニーズ事務所として初の女性タレント。ミス・ユニバース世界大会では特別賞を受賞。自宅の浴室内で一酸化炭素中毒で死亡。

「夕陽が泣いている」

2人の仲良しリードヴォーカル

――そして、次の**「夕陽が泣いている」**（昭41年9月）に至って、スパイダースはようやく爆発的なヒットを記録します。元は映画『涙くんさよなら』の挿入歌ですね。

近田　ところが、それが問題なのよ。この曲は、メンバーではなく、ハマクラさんこと浜口庫之《くらの》助《すけ》（※）さんが作詞作曲を行っている。

※大正6～平成2年。ハワイアンバンドを組んで進駐軍めぐりをしていたが、昭和32年より作曲を始める。「黄色いさくらんぼ」「愛して愛して愛しちゃったのよ」「バラが咲いた」「夜霧よ今夜も有難う」など4000曲余で知られる。

――この5カ月前に発売されて人気を博したマイク真木の和製フォーク「バラが咲いた」（昭41年4月）も、同じくハマクラさんが詞曲を手がけています。

近田　現代におけるフォークってさ、自作自演が基本じゃない？　ところが、日本に輸入された途端、歌謡曲の大御所作家がそれらしきものを作るという形に歪曲《わいきょく》されてしまった。「バラが咲いた」は日本初のフォークを標榜したけれど、アメリカ本国でピーター・ポール＆マリー（※1）やザ・キングストン・トリオ（※2）が歌った楽曲などとはまるで違うものじゃん。ここでまず、日本人の洋楽観は歪《ゆが》められたよね。

※1．1961年に結成されたアメリカのフォークグループ。ピーター・ヤーロウ、ノエル・ポール・ストゥーキー、マリー・トラヴァースのトリオ。「天使のハンマー」で知られる。

※2．1957年にボブ・シェーン、デイヴ・ガード、ニック・レイノルズが結成したトリオ。50年

代後半から60年代にかけてもっとも成功したフォークグループ。「トム・ドゥーリー」「花はどこへ行った」など。

――「夕陽が泣いている」と「バラが咲いた」はレーベルも一緒。フィリップスです。

近田　うん、いずれも本城和治《まさはる》さんというディレクターが担当している。彼はすごく洋楽に明るい人なんだけど、マーケティングの観点では、日本人の心情に寄り添ったものを作らなければ売れないという暗黙のコンセンサスにたどり着いていたんだと思う。

――スパイダースにおいては、メンバーたちはロックを志向しながらも、市場の要請として歌謡曲に落ち着くことを余儀なくされたと。

近田　歌謡曲だから悪いっていうんじゃなくて、俺なんかは、あくまでも和製ロックの萌芽の部分にググッと感応していたわけよ。ここで、スパイダースの洋楽的センスを愛《め》でていた玄人筋のファンが離れ始める。物好きな俺は、歌謡曲っぽいのもまた風流かなと思って付き合い続けたんだけどさ（笑）。

――その直後、「なんとなくなんとなく」（昭41年12月）は、井上順さんがソロでヴォーカルを務めています。

近田　スパイダースは、堺さんと順さんと、リードヴォーカルが2人いるバンドだから、

「あの時君は若かった」

それぞれの個性をアピールしていこうという方向性が固まったんだろうね。堺さんは、本格的なロックっぽいナンバーを歌うポジション。それに対し、順さんは、あまりビートの強くない、おっとりした柔らかめの楽曲をニコニコしながら歌う。「いつまでもどこまでも」（昭42年10月）なんかもそう。その棲み分けが、この辺りから進んできたといえる。

——**「あの時君は若かった」**（昭43年3月）は、その2人の掛け合いの魅力が最大限に発揮された楽曲です。

近田　ちなみにこの曲は、誰が聴いてても納得してもらえると思うんだけど、著名なアメリカのポップ・スタンダード「フールズ・ラッシュ・イン」（1940年5月）（※）が元ネタ。普通、フロントマンが2人いると、その確執が何かと取り沙汰されたりするけれど、この2人は本当に仲がいい。その雰囲気はお茶の間にも伝わってきたものだよ。

※フランク・シナトラ、ビリー・エクスタイン、エルヴィス・プレスリーらがカバーしたことで知られる。

——スパイダースはGSの代表選手のようにとらえられていますが、よく考えてみれば、そのメンバー構成はかなり特殊ですよね。

近田　そう。フロントが2人で、メンバーの総数は7名におよぶ。こんなフォーメーションのバンド、同時代のイギリスやアメリカにもあんまりない。

――オリコンチャートが創設されたのは昭和43年のことです。スパイダースにとって、初めてそのランキングの対象となった「あの時君は若かった」は、6位にチャートインしました。しかし、この後のシングルは、ベストテンにすべり込むこともできず、セールス面では苦戦を続けることになります。

アルバムに収められた意欲的なナンバー

近田　「真珠の涙」（昭和43年6月）は、かまやつさんが作曲しているんだけど、筒美京平さんが作曲はせず編曲だけを手がけたという点で、かなりレアな楽曲となっている。作詞は橋本淳さんでいい味出してます。17枚目の「ガラスの聖女」では、リードギターの井上孝之さんがヴォーカルを担当した。ちょっと目先を変えようとしたんだろうね。

――この曲、ザ・テンプターズの松崎由治《よしはる》さんが作曲しているんですね。

近田　そうそう。孝之さん、本当に歌上手いのよ。スモーキー・ロビンソン&ザ・ミラクルズ（※）の「ユーヴ・リアリー・ガット・ア・ホールド・オン・ミー」（1962年11月）なんか歌わせると絶品でさ。ジャズ喫茶に出演する時のスパイダースは、渋い洋楽をたくさんカバーしていて、俺なんかは、オリジナルよりもそれを目当てに観に行ってたぐらいだから。

「エレクトリックおばあちゃん」

※1955年にスモーキー・ロビンソン、ウォーレン・〝ピート〟・ムーアらが結成したデトロイト出身のR&Bヴォーカルグループ。「ベイビー、ベイビー・ドント・クライ」「ティアーズ・オブ・ア・クラウン」など。72年にロビンソンが脱退。

——しかし、ヴォーカリストを変えるという試みは、売上げ枚数的には効を奏しませんでした。

近田　俺、「ガラスの聖女」まではシングルを買ってたのよ。次の「涙の日曜日」（昭44年4月）からはもう買わなくなった。高校生ぐらいの子どもにとって、その決断は意味が大きいよね。限られたお小遣いを何に投下するかという選択は切実だからさ。

——そして、最後のシングルが、コミック・ソングの**「エレクトリックおばあちゃん」**（昭45年9月）。

近田　〈ドシテラベナ〉という青森弁が面白いんだけど、最後の最後に、コミカルな方向に振り切りすぎちゃったかなという憾《うら》みが残る。

――スパイダースは、当時としては珍しく、アルバムの評価も高いですよね。

近田　**『明治百年、すぱいだーす七年』**（昭43年10月）は、メンバーそれぞれが詞曲を作り、ソロでヴォーカルを担った楽曲を集めた構成が意欲的だった。アルバムにしか収録されていないナンバーにも、注目すべきものが多いんだよ。例えば、『スパイダース'69』（昭44年5月）に入っている「ソー・ロング・サチオ」は、この年に25歳で亡くなった福澤幸雄に捧げた曲だよね。

――福澤諭吉の曾孫にして、レーサーとモデルを兼ねた不世出の人物です。彼は、スパイダースに洋楽をはじめとする最新の海外情報を伝える役割も担っていました。

『明治百年、すぱいだーす七年』

スパイダースとは、つまり田辺昭知

近田　考えてみると、洋楽を愛するタイプのリスナーがスパイダースのファンになった大きな理由のひとつは、彼らの使っていた楽器や機材にあるんだよ。まずは、ザ・デイヴ・クラーク・ファイヴ

(※)なんかが使っていたヴォックスのコンボオルガン。白鍵と黒鍵の色が、普通の鍵盤とは逆になっているのが何ともお洒落でさ。それから、同じヴォックスのファントムっていうギター。角張った五角形の形状が印象的だった。

※１９６０年代に活躍したイギリスのビートグループ。63年の「グラッド・オール・オーバー」のナンバーワンヒットでビートルズのライバルと目される。65年「オーバー・アンド・オーバー」は全米ナンバーワン。

——機材に関しても、だいぶ先進的だったんですか。

近田　機材でいうと、ビンソンのエコーチェンバーとＡＫＧのマイク。これらを通すと、ヴォーカルがシャーッとした独特のテクスチャーになるのよ。スパイダースは、テレビに出演する時も、これらの機材を持ち込んでいた。

——当時としては、かなり異例なことだったわけですか。

近田　ガラリと風景が変わった気がしたよ。例えば、彼ら以前のロカビリーの歌手なんかは、放送局に備え付けのマイクで歌ってたから。スパイダースは、テレビの画面越しに音響的なカッコよさを味わわせてくれた初めての存在だった。楽器や機材が違うとこんなに音が違うのかということに驚いたね。あの頃は、スパイダースが使った楽器や機材を、他のGSがこぞって真似をするという流れが確かに存在した。

――曲作りの面で要《かなめ》となるのは、やはりかまやつさんになるんでしょうか。

近田　うん。スパイダースの解散前に発表した**『ムッシュー／かまやつひろしの世界』**（昭45年2月）というアルバムがあるんだけど、ここで、ムッシュは全楽器を一人で演奏しているんだよ。

――ポール・マッカートニーの『マッカートニー』（1970年4月）も同じコンセプトで制作されたアルバムですが、『ムッシュー』の方が、2カ月ほどリリースが早い（笑）。

近田　音楽的に、相当レベルが高いんだよ。グループというしがらみから解き放たれたこのアルバムを聴くと、逆説的に、かまやつさんはスパイダースというバンドをこういう方向に持っていきたかったんだなと思わされる。

『ムッシュー／かまやつひろしの世界』

――メンバーが実質的なプロデュースを手がけていたというのは、GSにおいては稀有なケースですよね。

近田　うん。もちろん、かまやつさんのサウンドプロデューサーとしての貢献はものすごく大きいんだけど、極論してしまえば、スパイダースとは、つまり田辺昭知だよね。まず、あれだけ特徴的なお約束のフレーズを持っているドラマーは、GSを見渡しても田辺さんの他にはいない。カランカカッカカッタン！　タツツツタッタン！　ってやつね（笑）。

――スパイダース解散後の田辺さんは、マネジメントに専念します。

近田　そもそも、田辺さんは、スパイダースの初期に所属したホリプロから独立し、バンドリーダーのみならず経営者として、昭和41年にスパイダクションという事務所を立ち上げた。それ以降、解散までずーっとプレイングマネージャーを続けてたわけ。その礎《いしずえ》には、リヴァプールサウンド（※）の向こうを張った東京サウンドを発信しようという志があった。

※1962～63年、ビートルズをはじめイギリスのリヴァプール市に生まれた複数のロックバンドが注目され、その総称として用いられた。ビートルズのほかに、ジェリー＆ザ・ペースメイカーズ、ザ・スウィンギング・ブルー・ジーンズなど。やがて、リヴァプールに限らず、イギリス出身の同系統のバンドは一まとめにこう呼ばれるようになった。

――スパイダクションには、テンプターズ（※1）やザ・ビーバーズ（※2）も所属。昭和48年には新たに田辺エージェンシーを設立します。その後は、タモリをはじめとするタレントを擁し、大手芸能プロダクションとしての地位をゆるぎないものとしますね。

※１．第４章参照。
※２．昭和41年、〝ジ・アウトロウズ〟の名で結成。早瀬雅男、成田賢ら４人のヴォーカル陣と、淡村悠紀夫、荒川宏ら４人のバック陣を擁して出発したグループ。昭42年ビーバーズに改名、「初恋の丘」でデビュー。「君なき世界」、アルバム『ビバ！・ビーバーズ！』など。昭44年解散。

近田　既成のドメスティックな芸能界とは一線を画し、欧米のシーンと同期した表現をパフォーマー自身が形作っていくというあり方において、現在、スパイダクションに最も近い存在は、ＥＸＩＬＥが所属するＬＤＨなんじゃないかと思うんだよ。

――なるほど。奇《く》しくも、その二つの会社の所在地はいずれも中目黒。しかも、山手通りをはさんではす向かいの場所にありますね（笑）。

第２章　ブルー・コメッツ

ＧＳの方向性を決めた一発屋

昭和32年9月、大橋道二、ロジェ滋野らによって結成された日本初のロックンロール・コンボ。メンバーの入れ替わりは激しいが、昭38年ジャッキー吉川がリーダーとなる。昭40年ＧＳ時代のフルメンバーが揃う。ジャッキー吉川、井上忠夫、三原綱木《つなき》、高橋健二、小田啓義《ひろよし》。この頃、専属シンガー・尾藤イサオが歌った「悲しき願い」が大ヒットするが、尾藤の伴奏バンドに飽き足らず、自らコーラスの練習に励む。最初の大ヒットが「青い瞳」。ＧＳ史上最大のヒット「ブルー・シャトウ」は昭42年日本レコード大賞。タイガースやテンプターズの台頭によって、昭43年、人気は凋落《ちょうらく》する。

ビートルズよりも、むしろアニマルズ

——ブルー・コメッツは、「ブルー・シャトウ」（昭42年3月）を大ヒットさせた実績から、一般的にはＧＳを代表するグループだと認識されていますね。

近田　いや、むしろブルコメは、ＧＳというムーヴメントにおいては例外的な存在だったと思う。その理由が凝縮されているのが、正式なグループ名なんだよ。

——〝ジャッキー吉川とブルー・コメッツ〟ですね。頭にリーダーの名前が冠されています。

近田　このネーミングからは、GSより前の世代のバンドマンのセンスが窺える。ハワイアンバンドとして出発し後に坂本九とともに人気者となったダニー飯田とパラダイス・キング（活動期間：昭和30〜平成11年）とか、ハワイアン歌手として知られる大橋節夫とハニー・アイランダース（活動期間：昭和23〜50年）とかさ。

――はい。ブルー・コメッツの七三分けの髪形やスーツでビシッと揃えた服装など、そのスクエアなルックスに関しても、いわゆるロックが体現する反抗的なイメージは薄いですね。だからこそ、GSのバンドとしては珍しく、紅白歌合戦にも出場できたんでしょうけど。

近田　実際、ブルコメはGS以前から着実なキャリアを重ねてきているのよ。GS期とはまったく重ならない布陣による昭和32年の結成以来、メンバーチェンジを続けながら存続した。もともとは伴奏が主体で、一時期はこのバンドを率いていた鹿内タカシをはじめ、麻生京子、フランツ・フリーデルといったシンガーを迎えて活動していた。

――そこからGS的なスタイルに向かう転機というと？

近田　昭和39年7月に、尾藤イサオさん（活動期間：昭和36年〜現在）がジ・アニマルズ（※）の**「悲しき願い」**をカバーして大ヒットさせるんだけど、ここでバッキングを行っ

「悲しき願い」

ていたのがブルコメだったのよ。

※1963年に結成されたイギリスのロックバンド。エリック・バードン、アラン・プライス、ヒルトン・ヴァレンタインらが初期メンバー。60年代にはビートルズ、ローリング・ストーンズなどと共に人気を博した。最大のヒット曲は「朝日のあたる家」。活動期間は断続的に84年まで。

——アニマルズの「悲しき願い」自体がそもそもカバーなんですね。もともとは、黒人女性シンガーのニーナ・シモンが録音していた。そして、アニマルズのもう一つの代表曲である「朝日のあたる家」（1964年6月）もまた、詠み人知らずのトラディショナルだし、彼らには本当にカバーが多い。

近田　「ブーン・ブーン」（1964年10月）、「アラウンド・アンド・アラウンド」（64年10月）なんかもそう。アニマルズによるそれらのカバーヴァージョンを、日本では、スパイダースやブルコメをはじめ、いろんなバンドがさらにカバーしていた。ただ、スパイダースの場合は、アニマルズがこういった曲を演奏した文脈、つまりブルースやロックンロールの歴史について意識的であったのに対し、ブルコメに関しては、単に流行っているから採り入れただけっていう向き合い方の違いがある。

俺、プロローグでも触れたんだけど、GSに影響を与えた洋楽のバンドとしては、ビートルズよりも、むしろアニマルズの方が存在感は大きいと思うんだ。

「和製ポップス」という系譜

——ブルコメは、昭和41年2月に、デビューシングル**「サンダーボール」**をリリースします。これは、前年に日本で公開された映画『007／サンダーボール作戦』のテーマ曲のカバー。つまり歌を伴わないインストゥルメンタルです。

近田　まあ、一種の企画物だよね。この時点では、まだ完全なヴォーカル・グループにはなりきれていない。スパイダースも、初期にはインストのシングル「越天楽ゴー、ゴー」を発表していたし、この当時は、エレキブームの余燼《よじん》がくすぶっていたんだよね。GSの時代への移行は完了していなかった。

——その1カ月後、本格的なデビュー曲となる2枚目のシングル**「青い瞳」**（昭41年3月）が発表されます。英語詞のついたヴォーカ

「サンダーボール」

「青い瞳」

ル曲で、作曲を手がけた井上忠夫さんがメインで歌っています。

近田　まさに、アニマルズ的なサウンドを目指しているよね。ここから、それまであくまでも裏方であるバックバンドだった彼らが、フロントに立って脚光を浴びることになる。その意味は、すごく大きかった。

――英語版「青い瞳」の4カ月後には、好評を受けて、日本語版「青い瞳」（昭41年7月）が発売されます。英語版の売上10万枚に対し、日本語版は50万枚と、5倍ものヒットを記録する。しかし、何でまた英語版が最初にリリースされたんでしょうか。

近田　この曲は、GSの先駆けというより、実際のところは、いわゆる「和製ポップス」の系譜に位置するんだよ。

――和製ポップスと言いますと？

近田　その先駆けは、エミー・ジャクソン（※）の「涙の太陽」（昭40年4月）だね。

※イギリス生まれの日本の歌手。「涙の太陽」でデビューするが、主として海外のポップスのカバーを出していた。活動開始は昭和40年で、昭48年に一度引退。

――湯川れい子さんがR. H. Riversという変名で英語詞を提供している曲ですね。レーベルは、ブルコメと同じくCBS。コロムビア傘下にあって、本来は洋楽部門に当たります。

近田　邦楽部門ではないということで、レコード会社が専属作家を抱える専属作家制の埒《らち》外《がい》にあったから、自由が利いたんだよね。フリーランスの作家にも門戸を開くことが可能だった。

――洋楽部門という建前ゆえに、英語の歌詞が当てられることになったと。

近田　うん。本来はこの形態を和製ポップスと呼び習わしたんだ。けど、その後はなし崩し的に、各社の洋楽レーベルから出すんなら、日本語詞の楽曲でも許されることになっちゃった。東芝音工傘下のキャピトルからリリースされた黛《まゆずみ》ジュンの「恋のハレルヤ」（昭42年2月）なんかが、その代表例だね。この曲はフリーの鈴木邦彦（※）さんが作編曲を手がけているんだけど、和製ポップスが脱法的な形で作家の専属契約制を瓦《が》解《かい》させたことは、ＧＳの誕生と発展にも大きく寄与している。

※第11章参照。

――考えてみれば、主だったＧＳ初期のバンドは、洋楽レーベルに所属していました。

近田　そう。スパイダースやサベージは、ビクター傘下のフィリップス、ザ・ワイルド・ワンズ（※）は東芝音工傘下のキャピトルが契約先だったからね。

※第8章参照。

「ブルー・シャトウ」

「真赤な太陽」

「ブルー・シャトウ」と「真赤な太陽」が転換点

——そこでブルコメなんですが、彼らの代表曲は、何と言っても昭和42年3月発売の**「ブルー・シャトウ」**（作詞・橋本淳、作曲・井上忠夫）です。

近田　この曲、メロディーは童謡の「月の沙漠」（作詞・加藤まさを、作曲・佐々木すぐる）あたりに近い。ドメスティックな郷愁に誘う曲だよね。

——そのわずか2カ月後の同年5月には、ブルー・コメッツが伴奏を行った美空ひばりの**「真赤な太陽」**がリリースされています。ビッグバンドジャズの大御所であるシャープス&フラッツ（※）の原信夫が作曲し、ブルコメの井上忠夫が編曲を手がけています。

※テナーサックス奏者の原信夫が率いるムーンライトを、昭和26年に改名したバンド。カウント・ベイシー、北村英治、前田憲男らの名ジャズマンたちと共演。ある時期、NHK紅白歌合戦の紅組の演奏担当でも知られる。活動期間は昭26～令和3年。

近田　「真赤な太陽」は、アメリカのジャズ歌手の大御所メル・トーメなんかが歌ったスタンダード「カミン・ホーム・ベイビー」（１９６２年10月）が下敷きになってるはずだよ。しかし、「ブルー・シャトウ」と「真赤な太陽」の大ヒットは、ＧＳの急速な歌謡曲への接近を象徴しているよね。つまり、洋楽的な意味でのバンドサウンドの追求というコンセプトは希薄化して、シレッと方向転換しちゃったんだよ。

――「ブルー・シャトウ」は、昭和42年の日本レコード大賞を受賞します。そして、その後のＧＳの世界観を規定するような楽曲になった。

近田　橋本淳（※）さんによる歌詞では、中世ヨーロッパを思わせる霧に煙る城館を舞台としたロマンスが描かれている。このイメージが敷衍《ふえん》された結果、以降のＧＳバンドは、王子様風のコスチュームに身を包むことが多くなった。だからＧＳにおいて、橋本淳さんが歌詞で描いた世界観の影響はとてつもなく大きいんだよ。

※昭和14年、東京都生まれ。日本を代表する作詞家。昭40年、紀本ヨシオの「涙のギター」で作詞家デビュー。ザ・タイガースの「モナリザの微笑」「君だけに愛を」など、数々のヒットを飛ばす。ブルー・コメッツの「ブルー・シャトウ」で日本レコード大賞受賞。筒美京平作品では５００曲以上を作詞した。

——当のブルコメはといえば、その後もずっとスーツ姿を貫いたんですけどね（笑）。

近田　ＧＳは、同時代の英米のロックバンドとは似ても似つかぬ、ガラパゴス的な進化をとげたんだよね。孫悟空がお釈迦様の手のひらから逃げられなかったように、彼らはずっと、橋本淳の仕掛けた初期設定に囚《とら》われることになった。

——それは、ＧＳブームが終息する昭和45年頃まで続きますね。

近田　今でも覚えてるんだけど、「ブルー・シャトウ」の人気が盛り上がり始めた頃から、スポーツ新聞の見出しに、〝グループサウンズ〟という言葉が躍るようになったんだ。

——それまで、このジャンルには統一された固有の呼び名はなかったんですか。

近田　うん。当初は確か〝ヴォーカル・インストゥルメンタルグループ〟と呼ばれていたし、その後になっても、〝グループサウンド〟とか〝サウンドグループ〟とか、各媒体がそれぞれ微妙に違う名前で表現してたんだよ。それが、「ブルー・シャトウ」のヒットを契機にスポーツ新聞が〝グループサウンズ〟を採用したことによって、ひとつに収斂《しゅうれん》していった。そして、さらには〝ＧＳ〟という略称が生まれる。

——はっきりとした名前を与えられたことによって、この手の少人数編成のロックコンボの隆盛というムーヴメントがにわかに前景化するわけですね。

ロックへの執着があるかないか

近田　しかし、よく考えると、スパイダース同様、ブルコメもまた、GSの平均的なメンバー構成とは異なるんだよね。特に、フルートのプレイヤーがフロントマン（※1）という編成は、英米のロックまで視野を広げてみても、ジェスロ・タル（※2）とかごく一部の曲のキング・クリムゾン（※3）ぐらいしか思い浮かばない。

※1．スパイダースでは堺正章、ブルー・コメッツでは井上忠夫が担当。
※2．1967年、イアン・アンダーソンとグレン・コーニックを中心に結成。アルバム『日曜日の印象』『スタンド・アップ』など。活動期間は67年から休止を挟んで現在。
※3．イギリスのプログレッシブロック・バンド。ロバート・フリップが1968年に結成、以降、メンバーは次々と替わる。アルバム『クリムゾン・キングの宮殿』で69年にデビュー。活動期間は68年から断続的に現在にいたる。

――サックスにしても、エレキブーム以降はあまりフィーチャーされない。電気増幅によって大音量化したエレキギターが、管楽器のお株を奪ったという側面があります。

近田　ブルコメってさ、ものすごく演奏は上手なんだよ。ただ、その上手さが、非常に端正な種類のものなわけ。それを物語るのが、「ギミー・サム・ラヴィン」（1966年10

月）のカバー。

――邦題は「愛しておくれ」。まだ10代の神童、スティーヴ・ウィンウッドが所属していた頃のザ・スペンサー・デイヴィス・グループ（※）の代表曲です。

※イギリスのバンド。スペンサー・デイヴィスを中心に１９６３年に結成。「アイム・ア・マン」「キープ・オン・ランニン」など。活動期間は63年から断続的に２０２０年まで。

近田　ブルコメの演奏は、とても巧《うま》いものの、味がない。同じ曲をスパイダースもカバーしてるんだけど、そこには、ロックにしか求め得ない荒々しい初期衝動が感じられる。聴き比べると面白いよ。そもそも、俺なんかがロックに惹《ひ》かれた理由は、粗野で素人っぽい部分にあるからさ。

――少年時代に長らく正統派のクラシックピアノを学んできた近田さんから出た発言だからこそ、その理屈には非常に説得力があります（笑）。

近田　かまやつさんは、リヴァプールサウンドが本当に好きだったし、実際に詳しかった。それに比べて、ブルコメの井上忠夫さんや三原綱木さんは、ロックに対する執着がそれほどなかったんじゃないかな。もちろん、それなりにロックは研究していただろうけど、あまたある音楽ジャンルのひとつとして接してただけじゃないかと個人的には推測するのよ。

ロックの粗削りな魅力についていて理屈では分かっていても、それをどうやって音に落とし込むかはつかめていなかったんだと思う。

――「ブルー・シャトウ」は、その証左ということですね。

「ブルー・シャトウ」がGSの行方を決めた

近田　この後にデビューするGSは、洋楽を追いかけるのではなく、ブルー・コメッツ的な音楽を踏襲するようになった。レコード会社としても、柳の下の二匹目のどじょうを狙うわけ。それは人情として分かるんだ。七面倒くさいイギリスのサウンドとか持ち出されるよりは、歌謡曲に寄せた、売れ線の楽曲を歌ってもらった方がいいに決まっている。

――この時代にロックバンドを組むぐらいだから、メンバー自身は本来、洋楽志向が強かったでしょうに。

近田　ところが、洋楽っぽい楽曲を日本人が一から自分たちで作るのは、思ったよりも難しいのよ。そういう現実を突きつけられたこともあり、レコーディングする商品としては既存の職業作家が作ったものを甘んじて受け入れて、もともと自分たちがやりたかった外国曲のカバーはジャズ喫茶なんかのライブだけで披露する……、大概のバンドはそういう形に落ち着くんだ。

——なるほど。芸能界の商業主義的なシステムに取り込まれてしまったわけですね。念のため説明すると、ここで言うジャズ喫茶とは、厳しい顔してモダンジャズのレコードを聴く店ではなく、今のライブハウスの原型のようなところですね。

「さよならのあとで」

近田　例えば、本格的な洋風レストランを目指した飲食店が開業したものの、採算面の要請から、ランチタイムにはディナーのコースとは違う生姜焼きなんかの定食を出すようになって、そうこうするうちに夜のメニューにも、お味噌汁をつけるようになっちゃった。そんな切ない妥協の連鎖を、GSの歴史からは感じるんだよ。

——この後のブルコメは、「ブルー・シャトウ」ほどのヒットを生み出せていません。

近田　「ブルー・シャトウ」の成功に味を占め、さらなる歌謡曲化が進む。マイナーな曲調にセンチメンタルな歌詞をのせたものばかりでさ。その中で、唯一チャートアクションとして一定の結果を残すことができたのが、**「さよならのあとで」**（昭43年11月）。

——オリコン3位を記録しています。作詞は常連の橋本淳さんですが、ここで初めて筒美京平さんがブルコメに楽曲を提供している。

近田　だけどね、まるっきりムード歌謡なんだよ。もはやロックの感覚は微塵もない。

――ジャケットを見ても、内山田洋とクール・ファイブみたいですもんね（笑）。

近田　ＧＳのことなんか何にも知らない宇宙人がスパイダースやタイガースとブルコメのジャケットを見比べたなら、同じジャンルの音楽とは判断しないかもしれない。

――これに続くシングルは「雨の赤坂」（昭43年12月）、「むらさき日記」（昭45年9月）、「津軽の海」（昭46年4月）などと、もはや曲名からしてムード歌謡どころか演歌のようですね。そして、名の通った大方のＧＳが解散した後の昭和47年に3人の主要メンバーが脱退し、グループサウンズとしてのブルー・コメッツは終焉《しゅうえん》を迎えます。

近田　極論すれば、ブルコメは「ブルー・シャトウ」だけの一発屋だったんだよね。しかし、その巨大な一発が、皮肉にもＧＳの歴史をあらぬ方向に導いてしまったんだ。

第3章　ザ・タイガース
派手な振付の先駆者となったGSの王者

遊び仲間の岸部おさみ、森本太郎、瞳みのる、加橋かつみは、昭和39年からバンドの練習に励み、京都のバンドにいた沢田研二を引き抜く。昭41年1月に5人編成のグループとなる。彼らの演奏を気に入った内田裕也が東京に連れて行き、すぎやまこういちがザ・タイガースと命名する。昭42年「僕のマリー」でデビュー。日テレ「シャボン玉ホリデー」やフジ「若さで歌おう ヤアヤアヤング！」で人気に火がつく。同年暮れにはブルコメ、スパイダースを抜いて人気筆頭に。昭46年1月の日本武道館公演をもって解散。

デビュー曲「僕のマリー」に抱いた失望

――GS人気を爆発させた真打は、何といってもザ・タイガースですね。

近田　俺が最初にタイガースを目にしたのは、昭和41年11月にフジテレビで放送された**「ザ・ヒットパレード」**でのことだね。

――すぎやまこういち（※）さんがディレクターを務めていた人気の音楽番組ですね。すぎやまさんは彼らの名付け親でもあります。

※フジテレビのディレクターを務めたのち、昭和43年から作曲活動に専念。タイガースやザ・ピーナッツの黄金時代を支える。テレビゲーム『ドラゴンクエスト』の作曲家として有名。

近田　この翌年にレコードデビューを控えた彼らにとって、これが初のテレビ出演だった。そこで披露したのが、ポール・リヴィア&ザ・レイダーズ（※）の「キックス」（1966年2月）です。

※ポール・リヴィアとマーク・リンゼイを中心にして、1958年に結成されたアメリカのグループ。独立戦争時の軍服をまとい、ヒットを連発した。

――1960年代半ばから70年代初頭にかけて活躍したアメリカのバンドの楽曲です。

近田　同時代の他のGSはといえば、アニマルズ、ザ・サーチャーズ（※）、そしてデイヴ・クラーク・ファイヴとか、もっぱらイギリスのリヴァプールサウンドなどをカバーしていた。そんな中、アメリカのポール・リヴィア&ザ・レイダーズに目を付けるとは、なかなかマニアック。幼心にも、「このバンド、分かってるじゃん」と感心したことを覚えている。

※1959年にジョン・マクナリーとマイク・ペンダーによって結成されたイギリスのバンド。バックバンドとして活動するが、63年カバー曲「スイーツ・フォー・マイ・スイート」でデビュー。最大のヒットはカバー曲の「恋の特効薬」。活動期間は59〜2019年。

「ザ・ヒットパレード」

「僕のマリー」

――その3カ月後の昭和42年2月、タイガースは「**僕のマリー**」でデビューします。

近田　あれを聴いて、心底ガックリきちゃったんだよね。エッジの立った「キックス」を演奏していたあのグループが、とんでもなく甘ったるい歌謡曲を歌っていたわけだから。反動とか逆コースとかいった、古めかしい政治用語を思わず持ち出したくなるぐらいだった。

――作詞は橋本淳、作曲はすぎやまこういち。GSを代表する鉄壁のコンビです。

近田　ただ、反発を覚えながらも、気がつけば俺は、歩きながら「僕のマリー」を口ずさんだりしているわけ。嫌だ嫌だと思っているのに、なぜか癖になっている（笑）。

――あまりにも強烈な違和感ゆえに、そのパワーに引き寄せられてしまう（笑）。

近田　その3カ月後に出た2枚目のシングルが、「**シーサイド・バウンド**」（昭42年5月）。甘口の「僕のマリー」から一転して、ビートの強いカッコいいナンバーだった。ライブでは沢田研二さんが歌いながら叩くティンバレスが、不思議なアクセントを与えている。

――こちらもまた、橋本淳・すぎやまこういち組の作品です。

近田　「シーサイド・バウンド」は、すぎやまさん曰く、沖縄の音階を使っている、すごく実験的な曲なのよ。「僕のマリー」と「シーサイド・バウンド」、正反対の楽曲を続けて書けてしまう作家の力量、そして、それらをきっちり自分たちのレパートリーとして消化するタイガースのキャパシティに感心したね。「シーサイド・バウンド」を聴いて得心したんだけど、自分が「僕のマリー」に落胆した理由は、過剰なほどストリングスが入っているそのアレンジにあった。あれは、俺が好きなエレキのコンボの音じゃなかったわけ。

人気一番の地位を確立

——ロックコンボとしてのタイガースの魅力は、どこにありましたか。

近田　スパイダースのサウンドの要が田辺さんの独特なドラムスのフレーズにあったように、タイガースにおけるそれは、岸部おさみ（現・一徳）さんのベースのプレイにあった。独特な手癖をいろいろと持っているのよ。それは、キャロルのサウンドの中心にあったのが矢沢永吉のベースだったということにも似ている。

——そもそも、タイガースの母体となったバンド名は「サリーとプレイボーイズ」。サリーこと岸部おさみさんが中心のグループなん

「シーサイド・バウンド」

ですよね。

近田　「シーサイド・バウンド」が革命的だったのは、振付を伴っていたこと。1、2、3、4とステップを踏むのよ。GSに派手なアクションが付き物となったルーツは、ここにあったと思う。そのことで、英米のバンドとは違う進化をとげることになるわけ。

「君だけに愛を」

——その最初のピークが、**「君だけに愛を」**（昭43年1月）。

近田　ジュリー（沢田研二）がリスナーに向かって指を差すポーズは、ファンを熱狂させたよね。

——ここで、ブルコメやスパイダースの人気をしのぎ、GSで一番のバンドとしての地位を確立しました。次のシングルが、「銀河のロマンス」（昭43年3月）。当初は、ジュリーの歌う表題曲をA面としてリリースされたものの、ほどなく、もともとはB面だった「花の首飾り」が人気を得たことから、AB面を引っくりかえした形で再発売されます。

近田　「花の首飾り」では、ギタリストであるトッポこと加橋かつみさんが初めてリードヴォーカルを取っている。加橋さんって、教会の聖歌隊で讃美歌を歌っていたから、クラシック的な意味において、発声が正式なのよ。沢田さんの、甘いんだけどロックっぽい荒い唱法とは異なる、もう一人のヴォーカリストが登場したことで、タイガースのサウンドの幅がさらに広がっていく。

――それまでは、ギターに専念している印象がありましたよね。

近田　そう。すぎやまさんの曲って実は難しいから、プレイする側も大変なのよ。だからなのか、加橋さんはテレビでの演奏中、笑顔を見せることも少なかった。そんなメンバーが前面に出てきた意外性によって、トッポ人気が急上昇する。それまでは、ルックスの面から、沢田さんと瞳みのるさんが2トップを張っていたんだけどね。

――次の**「シー・シー・シー」**（昭43年7月）はジュリーがヴォーカル。作詞に安井かずみさん、作曲にワイルド・ワンズの加瀬邦彦さんという新顔を迎えています。

近田　恐らくは、「シーサイド・バウンド」の柳の下のどじょうを狙ったんだと思うのよ。実際、当時の無敵の勢いから、オリコン1位も獲得した。ただ さ、加瀬さんの楽曲は明朗なあまり、ほとんど陰影がない。そこが、タイガースには合わなかったと思うんだ。

――加橋さんの歌う「廃墟の鳩」（昭43年9月）以降は、それまでのすぎやまこういちさんに替わり、村井邦彦（※）さんがメインの

「シー・シー・シー」

ソングライターになります。

※昭和20年生まれ。代表曲に「エメラルドの伝説」のほか、「翼をください」「経験」「虹と雪のバラード」など、赤い鳥、辺見マリ、トワ・エ・モアらのヒット曲がある。

近田　すぎやまこういちさんが書いていた頃は、「シーサイド・バウンド」における沖縄音階の導入しかり、一曲一曲にまずコンセプトがあった。そこに肉付けをしていくという意味では音楽的に非常に高度なんだけど、その高尚さが、それほど表面には出てこない。

――つまり、普通に聴いている分には、大衆音楽として無邪気に楽しむことができるということですね。

近田　ところが、村井さんのタイガース曲に関しては、誰が聴いても「あ、これは何だかすごく高級な感じがするな」と思ってしまう。だから、一般のミーちゃんハーちゃんなファンからすると、ちょっと小難しくて、とっつきにくくなってしまったのかもしれない。それもあってか、タイガースはここからだんだん地味になっていく。

加橋さんの脱退が終わりの始まり

――次の**「青い鳥」**（昭43年12月）では、何か変化を付けようと思ったのか、メンバーの森本太郎さん自らが詞曲を手がけています。

近田　スパイダースやブルコメみたいに、メンバーも曲を作れるんだということを見せつけたかったのかもしれない。これはまあ、童謡っぽい楽曲だよね。その次の「美しき愛の掟」（昭44年3月）は、同時代のサイケデリックなロックを意識した大袈裟《おおげさ》な曲だよね。

――ちょうどこの頃、昭和44年3月には、加橋さんがタイガースから脱退します。

近田　傍《はた》から見ていても、ここに至る1年間ぐらいの加橋さんの顔からは表情が失われていた。リードヴォーカルが2人という体制になったことで、新たな軋轢《あつれき》が生じたのかな。加橋さんの脱退は、タイガースの終わりの始まりだったと思う。

――代わりに加入したのが、岸部おさみさんの弟である岸部シローさん。

近田　俺、個人的に親交があったからシロー君と呼ばせてもらうけど、彼は、タイガースへの参加以前にアメリカで生活していたこともあって、ヒッピー的な感覚を持つ自由人だった。でも、GSって、統一されたユニフォームからも分かる通り、連帯感を売りにするようなところがあるから、その価値観において齟齬《そご》があった。

――加入時点では、シローさんはまだギターが弾けなかったそうで

「青い鳥」

すね。その後に練習を重ねて演奏できるようになったと聞きます。

近田　やっぱり、加橋さんのリードギターには、ワン&オンリーなものがあった。それが抜けた時、シロー君で埋め合わせをするのは難しかったことは確か。ちなみに、加橋さんの後任を探すに当たっては、すぐにシロー君が抜擢《ばってき》されたわけじゃなくて、実は、ザ・ゴールデン・カップス（※1）のエディ藩（※2）にも声がかかっていたらしい。

※1．第5章参照。
※2．第10章参照。

——これ以降のシングルは、正直、後世に名を残しているとは言い難いですね。

近田　「スマイル・フォー・ミー」（昭44年7月）は、ビー・ジーズ（※）のバリー・ギブとモーリス・ギブが書き下ろした英語詞の楽曲。もともと、タイガースのコーラスワークには、初期ビー・ジーズの影響が非常に色濃かった。この曲、沢田さんがリードヴォーカルだけど、本当だったら加橋さんが歌うのにふさわしいタイプのナンバーなんだよね。

※イギリス出身の兄弟のヴォーカルトリオ。バリー・ギブ、モーリス・ギブ、ロビン・ギブの3人。1958年に活動を始め、63年のデビュー曲「三つのキス」がヒット。「メロディ・フェア」「ステイン・アライブ」などヒット曲多数。活動期間は58〜2003年。

——その後の数枚を経て、**「誓いの明日」**（昭45年11月）が最後のシングルとなります。

近田　申し訳ないけど、俺ですら聴いたことがない。もう、完全にGSから気持ちが離れていたんだね。GSに関するその体感温度の変化は世間一般も同様で、ちょうど加橋さんがタイガースを辞めた昭和44年春あたりから、急速に熱が冷めてきた。

——セールスも急降下しますね。

近田　加橋さんが抜けてからのタイガースのサウンドは、GSっぽさがだんだん薄くなっていった。それはそれで、いい味わいがあるんだけどね。そこには、シロー君の加入が影響を及ぼしていたと思う。もうちょっと、岸部シローは評価されていいんじゃないかな。

——タイガース解散後、シローとブレッド&バター名義でリリースした『ムーンライト』（昭47年3月）は、和製フォークロックの名盤として再評価を受けています。

近田　彼は、洋楽的な視点から日本の音楽を眺められる、稀有な人材だったんだよ。

——タイガースが武道館公演をもって解散したのは、昭和46年1月。レコードデビューから4年後のことでした。意外なほどに活動期間は短かったんですね。

「誓いの明日」

近田　ＧＳというムーヴメントがここまで続いたのは、ひとえにタイガースの存在ゆえのことだったと思うよ。彼らがギアを入れなければ、ＧＳは「ブルー・シャトウ」で終わっていた。スパイダースとブルー・コメッツ、タイガースという三本柱があって、そこにいろんな要素が付け加えられていくというのが、ＧＳの歴史的構図だったんだよね。

第4章　ザ・テンプターズ

日本で初めてロックを体現した不良の魅力

昭和40年7月頃から田中俊夫、高久昇、松崎由治は熱心にバンドの練習を始める。やがて萩原健一と大口広司《ひろし》が合流し、昭42年2月にメンバーが勢揃いする。ディスコなどで演奏する彼らの噂を聞きつけたスパイダースの田辺昭知は、同年5月、彼らをスカウトし自社のスパイダクション所属とする。同年8月に日劇ウエスタン・カーニバルに出演し新人賞を獲得。デビュー・シングル「忘れ得ぬ君」がヒット。萩原がソロでヴォーカルを取る「神様お願い！」、続く「エメラルドの伝説」が大ヒットし、タイガースの対抗馬となる。活動期間は昭42〜45年。

「ここから日本のロックが始まる」と確信

近田　スパイダースのリーダーである田辺昭知さんは、タイガースの台頭を目の当たりにして、かなりの脅威を感じていたと思うのよ。

――田辺さんは、スパイダースのリーダーであるのみならず、その所属事務所であるスパイダクションを経営する実業家でもありましたよね。

近田　それで、タイガースに対抗し得るグループを自社でも擁立していかなきゃいけないとなった。そのタイミングで視界に入ってきたのがザ・テンプターズだったと思うんだ。

――その当時、テンプターズはどんな活動を行っていたんですか。

近田　「中川三郎ディスコティック・ステップヘブン」の専属バンドとして演奏してたのよ。

――中川三郎は、戦前の日本にタップダンスを持ち込んだダンス業界の重鎮ですね。昭和40年代、日本初のディスコとされる「中川三郎ディスコティック」を恵比寿、新宿、有楽町などの盛り場に展開します。

近田　今じゃ考えられないだろうけれど、当時のダンスミュージックシーンでは、ＤＪが回すレコードじゃなくて、生バンドの演奏に合わせてみんなが踊っていた。ＧＳのバンドはもっぱらジャズ喫茶でライブを行っていたんだけど、その手の店の舞台に立つには、ある程度の人気が必要だった。その段階未満の予備軍が、ディスコで演《や》ってたわけ。テンプターズもそのうちの一組だったんだ。

――近田さんが初めてテンプターズを目にしたのは？

近田　昭和42年のある日、スパイダースの出演するテレビ番組を観ていたら、堺正章さんが「では、僕たちの弟バンドを紹介します」と言う。そこで登場したのがテンプターズだった。デビュー曲の**「忘れ得ぬ君」**（昭42年10月）を披露したんだけど、それまでのＧＳ

にはなかった新鮮さを感じたよ。

――どういう意味で新しかったんですか。

近田　タイガースが、もっぱら女子受けする甘さみたいなものをアピールしていたのに対し、テンプターズは、北関東的な不良の匂いをプンプン漂わせていた。

「忘れ得ぬ君」

――彼らは、大口広司さん以外は揃って埼玉県大宮市の出身ですね。
近田　本場のロックって、男っぽいものじゃない？　俺みたいな洋楽好きのリスナーは、乙女チックな少女漫画の世界を体現するタイガースには、食い足りないものを感じていた。だから、テンプターズを観た時に、「ここから日本のロックが始まるんだ」と確信させられたんだよね。
――具体的には、どんなパフォーマンスに魅了されたんでしょうか。
近田　「忘れ得ぬ君」では、リーダーでギタリストの松崎由治さんがヴォーカルを取るんだけど、アクの強い歌い方は、従来の歌謡曲にはなかった絶望感のようなものを表現していた。さらに、そのギターのプレイが何とも独特で、ローリング・ストーンズにおけるブライアン・ジョーンズ（ギタリスト）みたいな雰囲気を放っていた。それから、その横でただブルースハープを吹く萩原健一さん、つまりショーケンのストイックなたたずまいも渋かったんだよ。

――この曲を歌うのは、作詞作曲を行った松崎さん本人ですね。テンプターズのデビュー曲のヴォーカルがショーケンじゃなかったという事実は、今考えれば意外ではありますね。

近田　奥でドラムを叩く大口広司さんは、ローリング・ストーンズのキース・リチャーズ（ギタリスト）というかビル・ワイマン（ベーシスト）というか、イギリスのバンドにいそうな顔でさ、しかもその演奏はソリッド。スパイダースの田辺さんにしてもブルコメのジャッキーさんにしても、ドラムの叩き方の基礎にはロックよりも前の時代にルーツがあることが感じられたんだけど、テンプターズの大口広司さんに関しては、見てくれも含めて、完全にロックのドラムだった。

　このバンドのプレイは、全員が素っ気なくて、辛口なのよ。ファンに媚《こ》びるところが一切なかった。このまんま、「忘れ得ぬ君」の路線をテンプターズが貫いていたら、ＧＳの歴史はずいぶん変わっただろうなと思うよ。

「神様お願い！」

「エメラルドの伝説」

ショーケンのヴォーカルは前代未聞の響き

——2枚目のシングル**「神様お願い！」**（昭43年3月）では、ショーケンがリードヴォーカルの座に就いています。作詞作曲はデビュー曲と変わらず松崎さん。

近田　当時高校生だった俺は、ショーケンの歌い方をよく真似したもの。そうすることが不可避なぐらい、彼のヴォーカルは官能的な魅力にあふれていた。声自体が不良なのよ。それは、日本において初めて触れる、前代未聞の響きだった。その声が、職業作家ではない松崎さんの紡ぐ言葉と旋律に出会うことによって、武骨なリアリティを獲得する。そこから、ポールとジョン、ミックとキースが送り出したような真実が伝わってきた。ロックという概念を日本で初めて物理的に体感させたのは、間違いなくショーケンの声だった。

——ところが、3枚目の**「エメラルドの伝説」**（昭43年6月）では、作詞になかにし礼（※）、作曲に村井邦彦というGSの職人を迎えます。それが奏功してか、オリコン1位を獲得しますね。

※昭和13年～令和2年。日本を代表する作詞家。「恋のフーガ」「石狩挽歌」「北酒場」の大ヒット、「天使の誘惑」などで日本レコード大賞を3回、日本作詩大賞を2回受賞。手掛けた楽曲は4000曲以上。

近田　この曲にはものすごい失望を覚えたよ。スパイダースにおける「夕陽が泣いている」、ブルコメにおける「ブルー・シャトウ」、タイガースにおける「僕のマリー」と同じ悲劇が、ここでまた再現された。この人たちも、芽を摘まれてしまったんだ。

――ジャケットでの衣装にはお花のアップリケがついているし、ショーケンは肩にインコのぬいぐるみを載せているしで、ビジュアルからも彼らしさは感じられない（笑）。

近田　ただ、困ったことに、「エメラルドの伝説」がつまらない曲かというと、決してそんなことはないのよ。

――歌謡曲的な意味での評価とロック的な意味での評価は、別立てで論じなければならないというわけですね。GSを語る際には、いつまでもどこまでも付きまとうジレンマです。

近田　大事な点は、ここにおいて、テンプターズは、バンドである必然性を失ったっていう事実なんだよ。ごてごてとした管弦が大幅にあしらわれているからさ。テンプターズの舵取《かじと》りを担った田辺さんにしても、当初は、男っぽい硬派な路線を狙っていたと思う。な

「おかあさん」

のに、気がついたら、タイガースの路線にすり寄ってしまっていた。

――身軽にインディーズ的な活動を繰り広げようとしていた新興のスパイダクションが、いつの間にか、大手プロダクションの経営理論に近づいていたわけですね。

近田　大宮ではそれなりに鳴らした不良も、東京の芸能界の確固たる不文律には勝てなかった。この時代において主導権を握っていたのは、あくまでもレコード会社であり、プロダクションだったんだよね。バンドには発言権はない。

――4枚目のシングルは、**「おかあさん」**（昭43年9月）。もはやこの曲名の時点で、不良性はどう考えても望み難い（笑）。「平凡」の読者投稿から選ばれた歌詞は、ＰＴＡの推薦を得られそうなほど保守的ですね。そこに、松崎さんが曲をつけています。

近田　「エメラルドの伝説」で非常にきらびやかな世界を見せられた後にしては、あまりにも素朴すぎた。ということで、次の「純愛」（昭43年12月）では、なかにし・村井コンビが呼び戻される。スペインのギター曲「アルハンブラの思い出」を引用したメロディーには、さすがは村井邦彦と思わせる高尚さがある。一方、歌詞においては、若い恋人同士が傷をつけた腕を重ねて血潮を分かち合う描写があるように、ちょっと反道徳的な側面が強調されている。この頃だったと思うんだけど、ショーケンは、日劇ウエスタン・カーニバルの舞台に長い角材を持ち込み、クライマックスでへし折るというアクションを披露して話題を呼んでいた。

——角材とは唐突ですね。ちょうど時期的に隆盛を誇っていた全共闘運動のゲバ棒にでも影響されたんでしょうか。

近田　その辺の関連性は分からない。ただ、「エメラルドの伝説」や「おかあさん」に対する反動として、自らの危険性をアピールしたい気持ちはあったんだと思うよ。

メンフィスでのガス抜きレコーディング

——次は、ショーケン作詞、松崎さん作曲による**「雨よふらないで」**（昭44年3月）。

近田　「エメラルドの伝説」をヒットさせた後のテンプターズは、一曲ごとに戦略を変える試行錯誤によって、どんどんエネルギーを消耗していった感がある。

——セールスも落ちていきます。「エメラルドの伝説」の1位から、4位、8位、21位とランキングを下げていく。

「雨よふらないで」

『ザ・テンプターズ・イン・メンフィス』

近田　タイガースだってだんだん売上は減っていったけど、ここまで急激なペースじゃなかった。テンプターズのメンバーにしてみれば、会社の言うこと聞いてやりたくない曲もやってきたけど、全然売れないじゃないかというフラストレーションが溜《た》まっていったと思うんだ。そこで、本人たちのやりたいことをやらせてあげようという計らいから実現したのが、メンフィスでのレコーディングだよね。

――テネシー州のメンフィスは、黒人音楽のひとつの中心であり、エルヴィス・プレスリー（※）を育んだロックンロールの聖地でもある。ここで録音されたアルバムが、**『ザ・テンプターズ・イン・メンフィス』**（昭44年12月）です。本作からの先行シングルが「エブリバディ・ニーズ・サムバディ」（昭44年11月）。かなりブルースっぽい曲ですよね。

※1935～77年。アメリカを代表するロックンロール歌手。54年デビュー、同年の「ザッツ・オール・ライト」がヒット。56年発売の「ハートブレイク・ホテル」でロックンロールスタイルを確立、以後、「ロックの王者」となる。42歳で急死。

近田　現地のミュージシャンが演奏しているから、実質的にはショーケンのソロ。なかなか本格的なんだけど、時すでに遅し。この時期になると、デビュー当初のテンプターズに着目した洋楽愛好家的な層は彼らから離れてしまっている。残っていたのは、「エメラルドの伝説」以後に獲得された、テンプターズをアイドルとしてとらえたファン。そういうリスナーにとっちゃ、この曲はどうにもこうにもピンとこなかっただろうね。

――その後、4枚のシングルを発表し、昭和45年12月にテンプターズは解散します。

近田　「エメラルドの伝説」から、テンプターズの周りのスタッフは、どうすればショーケンがもっと売れるかというその一点に力を注ぐことになった。スパイダクションには、もうちょっと辛抱して、ロックバンドとしてのテンプターズの可能性に賭けてほしかったよ。彼らからだんだん毒気が抜けていくのを見せられるのは悲しかったから。

ジュリーとショーケンの違い

――タイガースとテンプターズは並び称されるライバルですが、その足跡を比較してみると、だいぶ違いが大きいことが分かりますね。

近田　うん。タイガースは、純粋にプロの作詞家や作曲家、プロデューサーにすべてを委《ゆだ》ね、タイガースという役柄を全うすることをためらわなかった。それに対し、テンプターズは、自分たちの内側にあるロックバンドとしてのアイデンティティと、ビジネスとしての芸能活動の間にある軋轢にずっと悩まされてきた。

——ジュリーとショーケンに関しても、同様のことが言えますか。

近田　ニックネームがこの2人の違いを象徴していると思うんだ。ジュリーという愛称は、バンドに入ってからジュリー・アンドリュースにちなんでつけられたステージネームだけど、ショーケンってあだ名は中学生の頃からのものじゃない？

——ええ。当時、ケンとつく名前の不良が3人いて、背の大きい方から大ケン、中ケン、小ケンと呼ばれたことが由来だと聞きます。

近田　沢田さんにとって、ジュリーはあくまでも仮面なのよ。だから、距離を置いて、沢田研二という人間が俯《ふ》瞰《かん》してジュリーを眺めることができた。ところが、萩原健一とショーケンはテンプターズ以前から一体の存在だから、相対化することができない。

——テンプターズは終わっても、その後のショーケンを追いかける必要がありますね。ソロシンガーとしてのショーケンは、独自のキャリアを築きます。

近田　ソロになってからのショーケンは、テンプターズ時代に自分が目指した洋楽的なスタンスでのロックスターになることをあきらめていなかった。だけど、幸か不幸か、歌手としてよりも役者として評価されたこともあり、日本的な意味での不良を演じることを望まれるようになってしまった。

――シンガーとしても、**「大阪で生まれた女」**（昭54年5月）とか「愚か者よ」（昭62年1月）とか、日本情緒の濃い楽曲を発表することが多かった。

近田　それを、パブリック・イメージ・リミテッド（※）のジョン・ライドンみたいな歌い方で表現するんだから、結果としては相当アヴァンギャルドなパフォーマンスになってたよ。

※セックス・ピストルズを脱退したジョン・ライドンが1978年に結成したイギリスのポストパンクバンド。アルバム『パブリック・イメージ』『メタル・ボックス』など。活動期間は78～92年、2009年～現在。

――ショーケンは、畏怖される大スターでありながら、いわゆる業界の色には染まらないところがありましたね。

近田　恐らく、ショーケンの中には、芸能界的なものに降伏したくないという意識がずっとあった。反逆的に振舞うことが、ロック的な精神の発露であると信じていたと思うんだ。その信念が、後年のさまざまなトラブルにつながったんだろうね。

「大阪で生まれた女」

——大麻不法所持や暴行、恐喝などで、逮捕や書類送検などの処分を受けています。

近田　こう言ったら不謹慎かもしれないけどさ、ショーケンの起こした事件って、1960年代のロンドンのロックシーンだったらニュースにもならなかったと思うんだ。

——あの頃のローリング・ストーンズ界隈だったら、確かに日常茶飯事だったかも。

近田　ショーケンは、テンプターズ時代にロック幻想を叶えようとしたもののそれが叶わず、萩原健一個人となってから再びその幻想に生きようと挑んだんだけど、それもまた許されることがなかった。この世界の現実に押し流されてしまったんだよね。

第5章　ザ・ゴールデン・カップス

ロック魂を持ち続けた自由な集合体

昭和41年12月、横浜・本牧のクラブ「ゴールデン・カップ」で始動。メンバーはデイヴ平尾、マモル・マヌー、ルイズルイス加部、ケネス伊東、エディ藩。昭42年6月バンド名をザ・ゴールデン・カップスとし、「いとしのジザベル」でデビュー。昭43年4月「長い髪の少女」で人気グループに。同年7月ケネスがハワイに帰国した代わりにミッキー吉野が加入。昭44年以降、メンバーが激しく入れ替わり、昭47年正月の沖縄公演をもって解散。

デビュー曲「いとしのジザベル」への期待と失望

近田　スパイダース、ブルー・コメッツ、タイガースというGSの基幹3バンドがデビューを果たした後、噂を呼んでいたのがザ・ゴールデン・カップスだった。

――その頃、レコードも出していなければ、テレビにもラジオにもまだ出ていないバンドのサウンドは、実演以外には耳にしようがないわけですが、どんな噂だったんですか。

近田　「ミュージック・ライフ」「平凡パンチ」といった雑誌の記事で、全員がハーフで本格的なリズム&ブルースを演奏するバンドが横浜にいると喧伝《けんでん》されてたのよ。アニマルズやローリング・ストーンズのルーツとして、日本の洋楽ファンが黒人音楽への興味を深めていた頃だったから、カップスへの注目度はいやが上にも高まった。

――当時は、東京と横浜との間の心理的距離はずいぶん遠かったと聞きます。

近田　特に、彼らが本拠としていた本牧にはまだ米軍住宅があって、半分アメリカみたいなもんにも思えていたし、ちょっと怖いイメージも付きまとっていて、おいそれと観に行けるものではなかった。当時、米軍の施設のみならず、インターナショナルスクールも多かった横浜では、音楽をはじめとする海外の情報を早く手に入れることができたんだよ。その点に関しては、横浜の人間が東京を馬鹿にするぐらいの圧倒的な優位性があった。

――洋楽のレコードだって、いち早く手に入れることができたでしょうしね。

近田　そうこうするうち、ゴールデン・カップスのレコードデビューの知らせが飛び込んできたんだ。あれはＴＢＳの「ヤング７２０」だったかな、テレビでその曲を披露するというから、ブラウン管にかじりついてみたはいいものの……。

「いとしのジザベル」

――はいはい。ＧＳではおなじみの、あの悲劇が繰り返されたわけですね（笑）。

近田　そうなのよ。その**「いとしのジザベル」**（昭和42年6月）は、これのどこがＲ＆Ｂなの？　と問い詰めたくなるようなへんてこりんな歌謡曲だったんだよ。

――作詞はなかにし礼、作曲は鈴木邦彦。GSの歌謡化を推進したコンビの一組ですね。

近田　さらに、全員ハーフだと謳《うた》っていたのに、リードヴォーカルのデイヴ平尾の顔はどう見ても普通の日本人のそれで、外国人のエッセンスがうかがえない。肝心の歌声だってさ、ソウルシンガーというよりは坂本九に近いしさ。

――勝手な期待値が高かっただけに、落胆もまた大きかったんでしょうね。

近田　実際のところ、デイヴ平尾はハーフでも何でもなく、新山下の日本ではじめての外国航路船員専用クリーニング店「シップスランドリー」の倅《せがれ》だったのよ。でもまあ、海外にルーツを持つメンバーが多かったことは確か。ギタリストのエディ藩は華僑だしさ。なかでも、才色兼備だったのが、ベースのルイズルイス加部。

――今、レコードのジャケットを見ただけでも、その外見的魅力は図抜けています。

近田　加部さんって、ギタリストからベーシストに転向しただけあって、まるでリードギターみたいな弾き方でベースを弾くんだよ。それが、カップスのサウンドの象徴になっていった。彼は、常に何だかふてくされたような表情を浮かべながら演奏してるわけ。GSといったら、タイガースにしてもテンプターズにしても、一応の愛想は振りまきつつパフォーマンスしてたんだけど、加部さんにはそれがない。そこもまた渋くってさ。

デイヴ平尾とマモル・マヌーのコントラスト

――2枚目の**「銀色のグラス」**（昭42年11月）では、縦横無尽に指が動き回る加部さんの個性的なプレイが堪能できます。この曲は、ガレージパンクの先駆けとしても評価が高く、海外のクラブシーンでも愛されるダンサブルな楽曲ですね。

「銀色のグラス」

「長い髪の少女」

近田　最近気づいたんだけど、この曲名は、バンド名を少しずらしたものだよね。ゴールデンじゃなく銀色、カップじゃなくグラスってこと（笑）。

――グループ名のゴールデン・カップスは、彼らが専属バンドとして演奏していた本牧のレストランバー「ゴールデン・カップ」から採られているんですよね。3枚目の**「長い髪の少女」**（昭43年4月）では、デイヴ平尾ではなく、マモル・マヌーがリードヴォーカルを取っています。

近田　もう、堂々たる歌謡バラード。R&Bのかけらもない（笑）。

恐らくは、ブロマイドの売れ行きなんかに鑑みて、ルイズルイス加部と並んで人気の高かったマモル・マヌーを前面に押し出す方針が採られたんだと思う。実際、マモル・マヌーは本当に歌が上手いから、そこを生かしたい意図もあったはず。特に、ビブラートがきれいなんだよね。

――デイヴさんは、サビの冒頭一番は〈どうぞ〉、二番は〈きっと〉〈あまい〉というところだけリードを取るという摩訶《まか》不思議な入り方をしますよね。

近田　あそこだけスッと割り込んでくるんだよ（笑）。声も顔も動きもファニーなデイヴ平尾と、正統派の二枚目で美声を持つマモル・マヌー、そのコントラストが見事に決まったことが、この曲をヒットさせた一番の要因だったと思う。

――マモル・マヌーはハワイの血が入ったハーフと設定されていましたが、実は両親ともに日本人。マヌーは、叔母さんが結婚したハワイ生まれの男性の姓から借りたそう。

近田　ただ、デイヴ平尾とは違って、こっちはハーフと言われれば納得しちゃう。

――ルイズルイス加部とマモル・マヌーは、生まれる時期がもう少し遅かったら、ジャニーズ事務所に誘われていてもおかしくない。

近田　ストリート感の濃い、ぶっきらぼうなカッコよさがあるよね。

――2人とも、KAT-TUNから脱退したメンバーに共通する危険な色気をまとっている……とか言ったら、怒られるかもしれないけど（笑）。さて、「長い髪の少女」の作詞は橋本淳さん、作曲は鈴木邦彦さんです。こちらもまたGSの第一線コンビですね。

近田　意味ありげに聴こえながらその実、大して意味のない軽やかな世界観を持つ淳さんの詞と、流行歌としての着地点を見据えた手堅い邦彦さんの曲が融合したこの作品では、巧みな職人技を堪能することができるんだよ。

――ただし問題は、当のバンドはそれがやりたいわけじゃないってことですよね。

近田　そう。本心ではロックだったりR&Bだったりをやりたい若者にとってあまり乗り気がしないプロの作った歌謡曲を、あくまでも仕事として演奏するわけ。そこに生じる後ろめたさが、GS独特の面白さにつながっていったんだよね。

GSに込められた芸能界に対する反感

――でも、鈴木邦彦さんにせよ筒美京平さんにせよ、そういう楽曲を提供した作家も、実のところはモダンジャズが好きだったりする。下世話な流行歌へのシンパシーは薄い。

近田　だから、GSには、旧来のドメスティックな歌謡曲、ひいては芸能界に対する反感が、二枚重ねで仕込まれていたわけ。

――カップスに関しては、シングルはシングルとクールに割り切りつつ、アルバムでは洋楽のカバーを演奏し、その真価を露《あら》わにしています。ジェームス・ブラウン（※1）、ウィルソン・ピケット（※2）、サム＆デイヴ（※3）といった黒人音楽から、レッド・ツェッペリン（※4）、クリーム（※5）、ザ・バンド（※6）といった最新のロックまで、選曲の視野は幅広い。

※1．１９３３～２００６年。アメリカを代表するソウルシンガー。デビュー作「プリーズ・プリーズ・プリーズ」、ほかに「ブラザー・ラップ」「セックス・マシーン」など。活動期間は１９５３～２００６年。
※2．１９４１～２００６年。アメリカのソウルシンガー。ヴォーカルグループ「ザ・ファルコンズ」に参加後、ソロに転向し、「イン・ザ・ミッドナイト・アワー」「ダンス天国」などをヒットさせた。活動期間は59～２００６年。
※3．１９６０年代に登場した黒人のヴォーカルユニット。「ホールド・オン・アイム・カミン」など。活動期間は61～81年。
※4．イギリスのロックバンド。１９６８年、ジミー・ペイジ、ロバート・プラント、ジョン・ポール・ジョーンズ、ジョン・ボーナムが結成。「天国への階段」、アルバム『レッド・ツェッペリン』な

ど。80年に解散し、その後何度も再結成。

※5．イギリスのロックバンド。エリック・クラプトン、ジャック・ブルース、ジンジャー・ベイカーが1966年に結成した精鋭中の精鋭トリオ。ファースト・アルバム『フレッシュ・クリーム』など。68年解散。

※6．1967年から76年まで活動したアメリカのロックバンド。アルバム『ミュージック・フロム・ビッグ・ピンク』『ザ・バンド』など。

近田　カップスがカバーすることで、その曲がある種のお墨付きを得るという構図があった。後進のバンドにとって、カップスのアルバムはバイブル的な存在だったよ。

――「長い髪の少女」リリース後、米国籍のケネス伊東がビザの都合で一時脱退、後にゴダイゴを結成するミッキー吉野がキーボーディストとして加入します。

「過ぎ去りし恋」

近田　ミッキーは、日本で初めてハモンドオルガンをステージに載っけた男です。その功績は、同じキーボーディストとして特筆しておきたいところだよ。

――5枚目のシングル**「過ぎ去りし恋」**（昭和43年12月）は、メンバー自身の作品。ケネス伊東が作詞、エディ藩が作曲を手がけています。

近田　このB面に収められた「午前3時のハプニング」がすごいんだよ。ルイズルイス加部が自分で書いて歌ってるんだけど、サイケデリックの極み。シラフとは思えない（笑）。

――これ、前年末に発表されたザ・フォーク・クルセダーズの「帰って来たヨッパライ」との共時性も感じさせるアレンジですよね。

「本牧ブルース」

近田　俺の一番好きなカップスのシングルが、次の**「本牧ブルース」**（昭44年2月）。

――作詞はなかにし礼、作曲は村井邦彦。赤い鳥の「翼をください」（昭46年2月）とか、トワ・エ・モアの「虹と雪のバラード」（昭46年8月）とか、洗練されたエヴァーグリーンな楽曲を書くイメージの強い村井さんですが、この曲はかなり泥くさい作風です。

近田　私見では、ザ・ブルース・プロジェクト（※1）の「アイ・キャント・キープ・フロム・クライング」とバート・バカラック（※2）の「ボンド・ストリート」を混ぜ込んだ曲だとにらんでる。

※1．ダニー・カルブ、ロイ・ブルメンフェルドが中心となり結成するが、スティーヴ・カッツとアル・クーパーの参入により、ブルースロックに突き進む。1966年アルバム『ライブ・アット・

ザ・カフェ・オ・ゴー・ゴー』でデビュー。
※2．１９２８年生まれ。アメリカの作曲家、プロデューサー。１９６０年代はじめから70年代にかけて極めて多くのヒット曲を作曲。「遥かなる影」「世界は愛を求めている」「ベイビー・イッツ・ユー」「雨にぬれても」など。

カップスは自由な個人の集合体

——このあたりから、カップスのメンバーの出入りがずいぶん激しくなります。リードギターのエディ藩が抜けて、ルイズルイス加部がベースからギターにコンバート。ケネス伊東はビザの関係でいたりいなかったり。さらに末期を迎えると、エディ藩が復帰したり、元ザ・カーナビーツのアイ高野、それから柳ジョージが加入したりと、何とも気ぜわしい。

近田　他のＧＳとは違って、カップスのメンバーは、バンドに対する帰属意識が希薄だったんだと思うよ。去る者は追わず、来るものは拒まず。そこには、横浜という土地の持つ個性が表れている。人情もあるんだけど、その一方でサバサバしているから。

——横浜に40年以上住み続ける近田さんならではの、実感のこもった意見です（笑）。

近田　ゴールデン・カップスは、レコードデビュー前には、「平尾時宗とグループ・アンド・アイ」というグループ名で活動していた。この名前からも分かるように、あくまでも自由な個人の集合体なんだよね。

――大方のＧＳが昭和46年初頭までに終止符を打つ中、カップスは、47年1月まで活動を続けます。最晩年は、同時代の英米のハードロックやブルースロックに接近した「ニューロック」と呼ばれるインディペンデント性の強いムーヴメントに伴走した感がある。

近田 カップスは、ＧＳブームの終焉後も、日比谷野音で行われるロック系のイベントに出演してたんだけど、スパイダースやタイガース、テンプターズの残党を糾合《きゅうごう》したＰＹＧ《ピッグ》とは違って、普通に受け入れられていたんだよね。そのスタンスは不思議だよ。

――昭和46年4月の「日比谷・ロックフェスティバル」において、守旧派の象徴と見なされたＰＹＧは、「帰れ」コールを浴び、舞台に物を投げ込まれる仕打ちに遭いましたね。

近田 例えば、昭和45年8月には、はっぴいえんどがデビューしていたわけだから、時代は変わりつつあった。グループサウンズはもう、過去の遺物みたいに見られてたんだよ。

――ゴールデン・カップスは、沖縄のディスコでの公演中に会場内で火災が発生し、ほぼすべての機材を焼失。それを機に解散します。これが昭和47年1月のこと。

近田 あのあまりにもあっけない終わり方が、ゴールデン・カップスっぽいよね。執着心がなく、自然体のアマチュアリズムを完遂した感がある。

――他のGSバンドとの違いはどこにあったんですかね。

近田　地方から上京したバンドは、東京に定着して一旗揚げることを目標とするので、そこからはローカルな特性が消え失《う》せる。だけど、ゴールデン・カップスは、ホームグラウンドが東京に近い横浜、しかも最初に言ったような特色を持つ本牧だったから、その違いをずっと保持しながら活動することが可能だったんだ。

第6章　ザ・ジャガーズ

メンバーより楽曲が評価されたグループ

昭和39年にスタートした〝宮ユキオとザ・プレイ・ファイブ〟が前身。昭40年からテレビのエレキ番組のレギュラーとなったが、昭42年〝ザ・ジャガーズ〟に改名し、「君に会いたい」でデビュー。続く「ダンシング・ロンリー・ナイト」「マドモアゼル・ブルース」がヒット。翌年には主演映画『進め！ジャガーズ・敵前上陸』（松竹）も公開。メンバーは宮ユキオ、沖津ひさゆき、宮崎こういち、岡本信、佐藤安治、森田巳木夫、浜野たけし（宮と入れ替わり）。昭46年に自然消滅。

「君に会いたい」の作詞作曲者

近田　GSはテレビ局との関係が深い。各グループにはホームとも呼べる局があって、スパイダースの場合は「ビクター歌うバラエティ」を放送していたTBS、タイガースにとっては「シャボン玉ホリデー」を放送していた日本テレビがそれに当たるんじゃないかな。そして、ザ・ジャガーズのホームは、NET、つまり現在のテレビ朝日だった。

――彼らにはレギュラー出演する番組があったということですね。

近田　そう。日曜の午前中に「VANミュージック・ブレイク」という音楽番組があったのよ。その名の通り、服飾ブランドのVANによる一社提供で、渡辺貞夫が中心となって、ジャズやボサノヴァを演奏していた。ミッキー・カーチス（※）も出てたね。

※昭和13年生まれ。ミュージシャン、俳優。ロカビリー歌手として一世を風靡する。昭34年にスタートしたフジテレビの「ザ・ヒットパレード」初代司会者を務める一方、バンド「ミッキー・カーチスとシティー・クローズ」を結成しジャズアルバムなどを出す。昭40年代にいくつかのバンドを結成し、音楽プロデューサーとしての手腕も発揮。俳優としても映画、ドラマ出演多数、落語家でもある。

――お洒落なアパレルがクライアントなだけあって、さすがに人選もハイブラウですね。

近田　だから、なぜそこにジャガーズが……という疑問はなくもなかった。ここで彼らがよく演奏していたのが、デビュー曲**「君に会いたい」**（昭42年6月）のB面「ビート・トレイン」だったんだよ。これが、ごく簡単な英語の歌詞とスキャットは入るものの、それらは添え物で、ほとんどエレキインストといっていいパーティーチューンなんだよ。

「君に会いたい」

――スパイダースにおける「越天楽ゴー、ゴー」、ブルコメにとっての「サンダーボール」ですね。ジャガーズも、GS以前のキャリアが結構長い。昭和38年に〝野獣会オールスターズ〟として活動を始め、翌年に〝宮ユキオとザ・プレイ・ファイブ〟に改名し、エレキバンドと化す。そして、42年にGSのスタイルでデビューを果たすことになります。

近田　スパイダースやブルコメの前歴にも近いよね。この３バンドに共通するのが、いずれもドラマーがバンマスを務めていたこと。そのバンマスが大きな権限を持ったという意味で、タイガース以降のグループの人間関係とは色合いが違うかもしれない。

――タイガースの場合は、バンマスではなく、その上にいるナベプロの力が強かったんじゃないですか。すでに、芸能界的なシステムが確立していた感があります。

近田　「君に会いたい」の作詞作曲を行ったのは、清川正一なる人物。この曲以外にクレジットを見ることは皆無だから、誰なんだろうと思っていたら、ニューヨーク駐在のビジネスマンらしい。たまたま、当時は新興楽譜出版という社名だったシンコーミュージックの米国特派員に伝手《つて》があり、持ち込んだ楽曲が採用されたんだって。

――この曲、ＧＳナンバーの中でも五指に入るほど人口に膾炙《かいしゃ》してると思うんですが、職業作家の作品でもなければ、バンドのメンバー自身の作品でもなかったんですね。

筒美京平の名曲とＧＳの終焉

近田　２枚目のシングルは「**ダンシング・ロンリー・ナイト**」（昭42年10月）。ここで、鈴木邦彦さんが作曲に起用される。この次に、筒美京平さんが作曲した「マドモアゼル・ブルース」（昭43年1月）がリリースされるんだけど、この2曲の間には、ちょっとした世代交代の気運がうかがえるんだよ。

——どういう意味ですか。

近田　邦彦さんは、和製ポップス以降のサウンドをどう組み立てるかという大きなコンセプトに則《のっと》って楽曲を作っていた。それに対し、京平さんは、個々の歌い手の声質をいかに生かすかというパーソナルな方向に注力していったわけ。

「ダンシング・ロンリー・ナイト」

「二人だけの渚」

——次の**「二人だけの渚」**（昭43年6月）は、むしろB面の「キサナドーの伝説」のヒットによって記憶に残っています。

近田　「キサナドーの伝説」は、イギリスのデイヴ・ディー・グループ（※1）が1968年2月に発表した楽曲のカバー。これが外国の曲だということを知らない人もいるかもしれないけど。ちなみに、ジャガーズと同時に同じフィリップスからデビューしたカーナビーツの最初のシングル「好きさ好きさ好きさ」（昭42

「星空の二人」

年6月）は、ザ・ゾンビーズ（※2）のカバーなんだ。

※1．イギリスのポップロックバンド。1964年「ノー・タイム」でデビュー。68年のシングル「キサナドゥーの伝説」はミリオン超え。
※2．1961年に結成されたイギリスのロックバンド。「シーズ・ノット・ゼア」「テル・ハー・ノー」「ふたりのシーズン」が有名。

——知りませんでした。どっちも、オリジナルは日本じゃあまりヒットしてませんよね。

近田　そうなのよ。2曲とも曲調がマイナーで、歌謡曲っぽいんだ。そこが受けたんだと思う。「キサナドーの伝説」の人気が出たから、こっちが後にA面に昇格する。

——次の**「星空の二人」**（昭43年9月）は、再び筒美京平さんが作曲しています。

近田　このシングルのディレクターは、京平さんの実弟である渡辺忠孝さん。ザ・テンプテーションズの「マイ・ガール」（1964年12月）みたいな曲を作りたいという忠孝さんの要望を受け入れて、〈ヘイヘヘヘイ〉というコーラスを入れたんだそう。

——つまり、モータウンのR&Bからの影響があるということですね。

近田　ここで、ジャガーズは洋楽ファンからも一目置かれたと思うんだ。ところが、次の6枚目「恋人たちにブルースを」（昭44年1月）では、前作と同じ橋本淳・筒美京平コンビが書いていながら、一転して歌謡曲に回帰する。いい曲なんだけど、これさ、ソロシンガーが歌っても済んじゃうような曲じゃない？

――GSの条件であるコンボ編成である意味がない。

近田　このシングル、B面は「恋するまゆみ」っていうんだけどさ。

――曲名からして完全に歌謡曲ですね（笑）。

近田　ところが怖いことに、これはすごい名曲なのよ。ストリングスやホーンのアレンジも素晴らしい。さすが筒美京平とうならせる仕上がりなんだ。しかし、いかんせんGSらしさは皆無。このAB面を聴いた時、もうグループサウンズは終焉を迎えたんだなと痛感したよ。

「二人の街角」

ジャガーズで辿るGSの栄枯盛衰

――この後、ジャガーズは**「二人の街角」**（昭44年5月）、「いつか誰か」（昭45年4月）と2枚のシングルをリリースし、昭和46年7月に解散します。この2枚の発売日は1年近く間隔が空いているのに、ジャケットに写るメンバーのスタイリングがまったく一緒で、明らかに同じ日に撮られた写真なんですよね（笑）。

近田　その事実からも、もはやレコード会社が力を入れていないことが伝わってくるじゃん。この辺の曲は、よっぽどのマニアしか聴いてないと思うよ。

——実際、オリコンでは100位内にもランクインしていません。

近田　ジャガーズは、GSというムーヴメントの音楽的な意味を一番顕著に体現しているバンドだと思うんだ。

——その心は？

近田　タイガースのファンは、個々の楽曲ではなく、バンドそのものを熱く支持していた。さらに言えば、バンドというより、ジュリー個人を支持していた。テンプターズに関しても、ショーケン個人という同じ構図が見て取れるよね。そういう視点で考えると、ジャガーズは、バンドのパーソナリティよりも楽曲そのものが評価され、事態が推移していった。

——確かに、同時代を知らない一般のリスナーは、ジャガーズと言われても、メンバーの顔も名前もパッとは浮かばない。「君に会いたい」はGSを代表する有名な楽曲と化しているのに、それを歌っていたのがジャガーズという認識は薄いかもしれない。

近田　GSナンバーとしては珍しく、楽曲のバリューの方が勝ってるのよ。

――ヴォーカルの岡本信さんって、本当に顔立ちの整ったいい男なんですけどね。

近田　ジュリーやショーケンみたいな華に欠けるんだよね。あまり印象に残らない。個人的には、羽賀研二から毒気を抜いたような二枚目だったと思う。

――『スター・ウォーズ』シリーズなんかに出ていたアメリカの俳優、アダム・ドライヴァーにも似てますね。

近田　何にせよ、メンバーの顔がなかなか浮かばないグループというのも、あるレベル以上のヒット曲を持つGSとしては珍しいよ。だから、ジャガーズの軌跡をたどれば、アイドル的なブームとは切り離した上で、純粋に音楽としてのGSの栄枯盛衰について考えることができるんだ。

第7章　オックス

アイドル性を優先した元祖・失神バンド

昭和42年に発足し、昭43年「ガール・フレンド」でデビュー。メンバーが次々と失神するパフォーマンスが少女たちの間で爆発的に受け、〝失神バンド〟の名を確立。しかし、教育界の顰蹙《ひんしゅく》を買い、失神を自粛。「ダンシング・セブンティーン」「スワンの涙」が次々とヒット。昭45年に人気は急降下、翌年解散。メンバーは野口ヒデト、福井利男、岩田裕二、岡田志郎、赤松愛、田浦ユキ。

アイドル性を優先する戦略

近田　筒美京平さんが楽曲を提供したGSの2大バンドが、ジャガーズとオックス。デビューはオックスの方がちょっと遅いよね。

——ジャガーズが昭和42年6月で、オックスが翌年の5月です。

近田　この1年の差が大きい。というのも、オックスはGSというジャンルが確立してからデビューした。それで何が違うかといえば、ジャガーズぐらいまでは、アニマルズなりローリング・ストーンズなり、洋楽にロールモデルを定めた上でこの世界に入ってきていた。つまり、どこかに自分たちはロックバンドなんだという意識があったんだよね。その後になって、彼らのようなバンドの形態はグループサウンズと名づけられ、十把《じっぱ》一絡《ひとから》げにその狂騒に巻き込まれる形となった。

対するオックスは、デビューする前の自らの音楽活動がまったく見えない形で、最初からGSとして現れた。つまり、自分たちのアイデンティティがGSそのもので、GSとして生きていく覚悟があったとでも言うのかな。

——つまり、目指すべきロールモデルが洋楽ではなくて、タイガースなりテンプターズなりに変わっていたということですね。

近田　そう、ドメスティックな日本人グループという目標があったんだよ。だから、その時点で、新たにGSを売り出すに当たっては、ミュージシャンシップよりもアイドル性を優先すべしという戦略的解答が導き出されていたわけ。

——デビュー曲は、**「ガール・フレンド」**（昭43年5月）。橋本淳・筒美京平コンビの作品です。

「ガール・フレンド」

近田　淳さんは、タイガースの詞をずっと書いてきた中で、やっぱりメルヘンっぽい要素の濃いものの方が売れるということに気づいたんだと思う。

——「僕のマリー」「銀河のロマンス」みたいな、ちょっとバタくさい作風ですね。〈夢のお城に住んでいる〉という歌詞は、ブルコメの「ブルー・シャトウ」も彷彿《ほうふつ》とさせる。

近田　そこに、日本人の心の琴線を震わせる京平さんの普遍的なメロディーが加わって、とてもキャッチーな楽曲に仕上がっている。

——その狙いは当たり、実際、オリコン6位という好成績を記録しました。

近田　ジャケットの王子様風の衣装は、まさにアイドル路線。ただ、オックスにとって計算違いだったのは、リードヴォーカルの野口ヒデトよりキーボードの赤松愛の方が、その可愛さゆえに人気を集めちゃったこと。アイドルとして、天性の才能に恵まれていた。

——赤毛のおかっぱという髪形は、一度見たら忘れられない強烈な印象を与えます。

近田　彼らは、特異すぎるパフォーマンスでもその名を轟《とどろ》かせた。野口ヒデトが激しいアクションの末に倒れ込むと、次いでオルガンの上に飛び乗った赤松愛もそこから転げ落ちて失神、残りのメンバー3人もつられてバタンと卒倒する（笑）。

——それを芸能マスコミが煽情的に取り上げ、噂が噂を呼ぶこととなる。

失神ブームがGSの衰退を加速

近田　そしたら、他のＧＳも真似して失神し始めたんだよ（笑）。例えば、４・９・１（フォー・ナイン・エース）（※）の加藤章二。この人は失神ドラマーとして売っていたから。

※昭和41年、上条英男が結成。メンバーは激しく入れ替わる。「星空を君に」「ウォーキン・ザ・バルコニー」など。

――Ｘ ＪＡＰＡＮのＹＯＳＨＩＫＩのルーツですね（笑）。

近田　シーン全体が、いかにキワモノであるかを競うようになっちゃってさ。この失神ブームが、ＧＳの衰退を加速させたのかもしれない。

――しかも、客席では女子中高生のファンまで失神しちゃったから、オックスのステージングは社会問題と化してしまった。

近田　狐憑《きつねつ》きみたいなもんだよね。一種の集団的トランス状態。

――当時の報道を見ると、失神が起こる定番曲だったローリング・ストーンズのカバー「テル・ミー」（１９６４年６月）の演奏は自粛を余儀なくされ、鶴岡雅義と東京ロマンチカの「小樽のひとよ」（昭42年９月）とか森進一の「花と蝶」（昭43年５月）とか、ファンを興奮させないおとなしい曲を歌わされることになったらしい（笑）。

「ダンシング・セブンティーン」

近田　およそロックとは縁遠い曲ばっかり。その狙いは効を奏さず、それでもファンは失神した。さらに、童謡メドレーを歌っても失神者が出たというからすごいよね（笑）。

——選曲うんぬんは関係ない。

近田　しかしさ、「ブルー・シャトウ」がレコード大賞を獲《と》った翌年に、早くもGSがこうした混迷に陥るとは誰も想像しなかったよ。

——2枚目のシングルが**「ダンシング・セブンティーン」**（昭43年9月）。なお、オックスのシングルの作詞作曲に関しては、5枚目の「ロザリオは永遠に」（昭44年6月）まで、橋本・筒美という組み合わせが続きます。

近田　「ダンシング・セブンティーン」は、同じ布陣で臨んだジャガーズの「星空の二人」と同じ月にリリースされている。どちらも、モータウンやスタックスといったレーベルが生み出した同時代のR&Bのテイストを採り入れた実験的な楽曲だね。

　残念ながら、オックスにしてもジャガーズにしても、この路線は1曲限りで終了。次のシングルは、何もなかったかのごとく保守的な歌謡曲になってしまった。この頃、すでにGSの退潮は誰の目にも明らかだったし、このカンフル剤は効かなかったんだよ。

オックスはGSにとって最後の花火

——近田さんが保守的な歌謡曲と呼ぶ3曲目が、**「スワンの涙」**（昭43年12月）。

近田　ここまで、3曲連続でヒットさせたのは大したものだと思う。ただ、トリックスター的な意味をまとって登場したオックスの存在は、GSにとって最後の花火だった。オックスが失神するとともに、GS全体も気を失う準備を始めた印象が強いんだよね。

——確かに、昭和43年の後半に入ると、誰もが知るGSナンバーはほとんどリリースされていない。「スワンの涙」はまさに例外と言っていい。驚くことに、次の「僕は燃えてる」（昭44年3月）の発売後、人気を支えた赤松愛が脱退してしまいます。デビューからの在籍期間は、たった1年でした。

「スワンの涙」

近田　オックスの所属事務所はホリプロ。だから、ホリプロが制作していた東京12チャンネル（現・テレビ東京）の番組「ジャポップス・トップ10」に彼らがよく出演してたのを覚えてるよ。同じ事務所に籍を置いていた井上陽水も出てたっけ。当時はまだ、アンドレ・カンドレと名乗っていたけどね。

――フォークのブームは、GSの後にやってきたというイメージがあります。しかし実際のところ、GSのフェイドアウトとフォークのフェイドインは重なっていたんですね。

近田　そうなのよ。いつだって、時代は画然と切り分けることはできない。そこをしっかり認識しないと、実相を見誤るんだよね。

――オックスが昭和46年5月に解散した後、ヴォーカルの野口ヒデトは、数年のソロ活動を経て、50年には〝真木ひでと〟と改名し、演歌歌手に転向します。

近田　彼は、オックス時代より、真木になってからの方が正当な評価を受けたんじゃないかな。その歌いっぷりは、そもそもロックより歌謡曲に合ったものだったから。

――ひょっとすると、GSというキャリアは回り道だったのかもしれない。

近田　スウィング・ウエストのヴォーカルだった湯原昌幸さんにも、同じことを感じる。スウィング・ウエストは、昭和32年の結成以来、カントリー&ウエスタン、ロカビリー、エレキという音楽的変遷を経て、ようやく41年にデビューを果たすものの、結局、GSの潮流には馴染むことができぬまま、45年に解散する。

――その後、湯原さんは、スウィング・ウエストのシングル「幻の乙女」（昭和43年5月）のB面だった「雨のバラード」（昭和46年4月）をソロ名義で歌い、オリコン1位の大ヒットを記録します。

近田　結局みんな、歌謡曲の世界に回収されちゃうんだよね……。

第8章　ザ・ワイルド・ワンズ

自作自演を貫いた西海岸的お坊ちゃんバンド

昭和41年、加瀬邦彦が結成、メンバーは鳥塚しげき、島英二、植田芳暁《よしあき》、渡辺茂樹。グループ名は加山雄三がつけた。エレキバンドとして日テレ「あなた出番です！」にレギュラー出演。「想い出の渚」でデビュー。昭43年に参加したオルガン奏者の渡辺はチャッピーの愛称で親しまれ、その人気はジュリー、ショーケンに次いだ。昭46年に活動停止。「青空のある限り」「愛するアニタ」「バラの恋人」など。

アメリカ西海岸の音楽性

——ザ・ワイルド・ワンズの中心人物である加瀬邦彦さんは、もともと寺内タケシとブルージーンズのメンバーでした。つまり、エレキの時代から活躍していたわけですね。

近田　そう、寺内さんの横でサイドギターを弾いてたんだよ。

——さらに言うと、加瀬さんは、昭和38年のブルージーンズ加入以前に、3カ月だけスパイダースに在籍していたことがあるんですよね。

近田　GS黎明期の顔ぶれは、出入りが激しいのよ。そういや俺、ワイルド・ワンズとしてのお披露目のステージをたまたま観たんだ。あれは大手町のサンケイホールだったかな、放送局主催かなんかのイベントだったんだけど、そこに出演した彼らが、アメリカのフォークグループ、ママス&パパス（※）の「夢のカリフォルニア」をやおら歌い出した。カッコいいグループだなと思ったね。

※1965年に結成された男女4人のフォークグループ。ヒット曲に「夢のカリフォルニア」「マンデー・マンデー」「アイ・ソー・ハー・アゲイン」など。グループ内不倫などにより、68年にグループが崩壊。

――その後、彼らが**「想い出の渚」**でレコードデビューを果たすのは、昭和41年11月。この時点から、ほぼすべてのシングルの作曲を加瀬さんが手がけています。

近田　キャリアの長い加瀬さんが率いるバンドだった割には、デビューが遅かった。全体の歴史が短いからこそ、GSの時間軸においては、たった1カ月や2カ月の違いが、時に1年や2年の違いぐらいの大きな意味を持つんだよね。

――ブルコメは同じ年の2月、スパイダースは前年の5月にデビューしています。

近田　レコードデビューの前から、ワイルド・ワンズは昭和41年10月にスタートした日本テレビのタレントスカウト番組「あなた出番です！」にレギュラーとして出演していた。ここで、俺は初めて

「想い出の渚」

「想い出の渚」を聴いたの。とにかくさわやかで、不良っぽいイメージを売りにし始めた他のGSとは違うなと感じたね。本当に衝撃的だった。

――メンバー全員の参加したコーラスワークが見事ですよね。それから、ヘアスタイルにしても服装にしても、実にカジュアルで、変なわざとらしさがない。

近田　モデルとなったのは、アメリカのビーチ・ボーイズだよね。従来のGSは軒並みブリティッシュ志向だったけれど、ワイルド・ワンズの出現は、アメリカ西海岸へと音楽性のウイングを広げる可能性を示唆してくれた。ウエストコーストという文脈では、ビーチ・ボーイズのみならず、ママス&パパスを始め、他のバンドの影響も大きい。例えば、加瀬さんのトレードマークであるエレキの12弦ギターの響きは、明らかにザ・バーズ（※）を視野に収めている。

※１９６０〜70年代前半に活躍したアメリカのフォークロックグループ。65年「ミスター・タンブリン・マン」でデビュー。「ターン・ターン・ターン」も有名。

――スクエアな存在と見なされていたビーチ・ボーイズだけではなく、ボブ・ディラン（※）ともつながるフォークロックのバーズをも飲み込んでいたわけですね。

※アメリカのシンガーソングライター。１９６２年にアルバム『ボブ・ディラン』でデビュー。「風

に吹かれて」などのプロテスト・ソング、65年以降のロックンロール「ミスター・タンブリン・マン」「ライク・ア・ローリング・ストーン」など、有名曲が極めて多数のスーパースター。2016年にはその作詞でノーベル文学賞を受賞。

近田　そして、ビジュアルとして新鮮だったのは、ドラムスの植田芳暁のたたずまい。あれはブームスタンドというんだけど、スタンドのてっぺんから斜めに下りてきたマイクに向かってリードヴォーカルを取るという姿が、カッコよくってさ。弾き語りならぬ叩き語りって、当時の自分にとっては、初めて見たものだったから。

――いわば稲垣潤一、C-C-B、森高千里らの先駆けですね。

チャッピーが博したアイドル的人気

近田　「想い出の渚」に関して特筆すべきは、B面の「ユア・ベイビー」。ブルージーンズ時代の曲を再度レコーディングした。もしかしたら、GS史的には、こっちの方が重要性が高いかもしれないな。

――どんな意味が秘められているんですか。

近田　「ユア・ベイビー」は、ビートルズの「抱きしめたい」を焼き直してるんだよ。G

「愛するアニタ」

「バラの恋人」

Sというムーヴメント総体を見渡しても、ビートルズの楽曲をきちんと換骨奪胎することに成功した例は、「ユア・ベイビー」以外にない。それは断言しておきたい。

——「想い出の渚」と並ぶヒット曲としては、5枚目の**「愛するアニタ」**（昭43年1月）がよく知られています。こちらは、植田さんがソロでヴォーカルを担っていますね。

近田　「想い出の渚」とは打って変わって、マイナー調でちょっとヨーロピアン。

——もともとは、タイガースに提供する予定で加瀬さんが書いた曲だったらしいですね。そう言われて聴いてみれば、確かに、「君だけに愛を」あたりのタイガースの路線に近い。

近田　ここに、加瀬さんの作家としての器用さがすでに表れているよね。次の**「バラの恋人」**（昭43年4月）では、大胆なテコ入れが敢行される。

——キーボーディストとして、渡辺茂樹さんが加入します。何と、当時まだ16歳。チャッピーという愛称で、瞬く間にアイドル的な人気を獲得。ジュリー、ショーケン、チャッピーと、御三家的に並び称されることとなった。

近田　女の子にワーキャーされるメンバーを一人ぐらい入れた方がいいという判断が下されたんだろうね。ちなみに、チャッピーは俺と同学年なのよ。うらやましかったね。自分だってピアノが弾けたし、何よりもGSが大好きだったから、どこか事務所の門を叩こうかと思ったぐらい（笑）。その嫉妬は、同い年のミッキー吉野がゴールデン・カップスに加入した時にも再燃したよ。

――チャッピーを迎え入れたことは、サウンド面にも変化をもたらしましたか。

近田　それまでのワイルド・ワンズは、植田君がドラムを叩きながら歌っていたがゆえに、ヴォーカルとビートが一体化するタイトな魅力があった。ところが、チャッピーが前面に出ることによって、サウンド全体が甘いアイドル歌謡に移行しちゃったのよ。

GSの中心的作家〝三人邦彦〟

――その次のシングルが**「花のヤング・タウン」**（昭43年7月）。雑誌「平凡」とのタイアップで、渋谷をテーマにした歌詞を公募したんだとか。

「花のヤング・タウン」

近田　GSの勢いが陰ってきたから、今で言うメディアミックスに頼ることによって延命を図ったわけだよね。子ども心にも、レコード会社側の投げやりな態度を感じたよ。ワイルド・ワンズの不幸は、洋楽的な音楽を定着させようとする加瀬さんの考え方を理解してくれるスタッフが不在だったことに尽きる。

――GS全体を見渡してみても、ここまで自作自演を貫くことができたバンドは他にないですよね。かまやつさんを擁したスパイダースも、井上忠夫さんがいたブルコメも、外部の作家が作曲したシングルが少なくない。ところが、ワイルド・ワンズの場合は、「若草萌える頃」（昭45年4月）を除く全シングルが、メンバーによって作曲されている。

近田　加瀬さんは、同じファーストネームを持つ作曲家の鈴木邦彦さん、村井邦彦さんとともに、GSの中心的作家だよね。俺は〝三人邦彦〟と呼んでいるんだけど。この3人、名前も全員が邦彦なら、出身校も全員が慶應。不思議な共通性を持っているんだよ。

――ちなみに、ワイルド・ワンズの名付け親は加山雄三さんです。加瀬さんと加山さんは同じ茅ヶ崎に住み、加瀬さんは慶應高校、加山さんは慶應大学に通っていたことから、親交を結ぶことになったそうですね。

近田　ワイルド・ワンズの特徴を語るに当たっては、湘南とカリフォルニアという土地柄の相似性も馬鹿にできない。しかし、このあたりの音楽文化の礎を考えてみると、慶應を始め、立教、青学、成城といった私立大の出身者が多いんだよね。

――植田芳暁さんは早稲田ですね。

近田　植田君は、その前はインターナショナルスクールに通っていたから、英語がペラペラなのよ。ＧＳというと不良の巣窟みたいなイメージがあったけれど、その中核を成すある部分に関しては、お坊ちゃん学校に通っていたアッパークラスが支えていた。

――特にＧＳ勃興期の東京出身者に関しては、その傾向が強く認められます。まあ、今と比べれば、楽器も高かったから先立つものが必要だったし、リハーサルスタジオも普及していなかったから実家が広くないとバンドの練習もできなかった。

近田　ボンボン然とした若者たちが、これだけ大挙して芸能界のメインストリームに飛び込んできた時代というのも珍しいよね。その出自ゆえに、彼らはあまりハングリーじゃなかった。プロフェッショナルな意識にも若干乏しく、趣味的な感覚でバンドをやっていたから、あきらめも早く、それでＧＳは長続きしなかったんじゃないかな（笑）。

――ＧＳがこよなく憧れ、その活動のモデルとしたイギリスのロックシーンには、労働者階級出身者が多かった。日英の実態は対照的ですね。

近田　俺も幼稚舎から慶應だし飽きっぽいから、人のことは言えないんだけどさ（笑）。

楽器を捨てる方向転換

――その近田さんは、末期のワイルド・ワンズのバックでキーボードを弾いています。

近田　あれは昭和46年ぐらいだったと思う。方向転換を図ったワイルド・ワンズは、突然楽器を捨て、アメリカのジャクソン5（※）の路線を狙って「ネヴァー・キャン・セイ・グッバイ」（1971年3月）なんかを歌い踊るようになってたのよ。

※ジャクソン5人兄弟によるグループ、リードシンガーはマイケル・ジャクソン。1969年にデビューするやヒットを連発。「アイル・ビー・ゼア」「今夜はブギー・ナイト」「シェイク・ユア・ボディ」など。84年にマイケルが脱退、90年解散。その後、何度か再結成。

――シフトチェンジがずいぶん極端ですね（笑）。

近田　滅茶苦茶だよ（笑）。だから別途、伴奏をするバンドが必要になった。俺は当時、ワイルド・ワンズのマネージャーだった大里洋吉と面識があったから、その縁でキーボード奏者に起用され、日劇ウエスタン・カーニバルのステージに上がったんだよ。

――渡辺プロの社員だった大里さんは、その後、キャンディーズを手がけて大成功を収め、ナベプロから独立してアミューズを創業、現在も会長の座に就いています。

近田　俺、そのウエスタン・カーニバルでは、都合3組のバックでキーボードを掛け持ちしたんだけど、ギャラは1組分（笑）。まあ、金は二の次の仕事。楽しかったよ。

——最晩年の迷走を経て、ワイルド・ワンズは昭和46年10月をもって解散します。最後のシングルは**「想い出の渚'71」**（昭46年8月）。デビュー曲のリメイクです。

近田　この選曲に、最後のあがきを感じるよね。

——その後、加瀬さんは長らく、プロデューサーとして沢田研二さんの最盛期を支えることになります。

近田　沢田さんが加瀬さんに寄せる信頼は、傍から見ても並々ならぬものがあったよ。GSの時代から、加瀬さんを慕っているミュージシャンは多かった。グループサウンズにおいて、加瀬邦彦という人の存在は本当に大きかった。

「想い出の渚'71」

第9章　ヴィレッジ・シンガーズ

後進に模倣されたカレッジフォーク的バンド

元々は〝フォーク・トレッカーズ〟にいた小松久と林ゆたかからが昭和41年に結成した5人組。脱退者のあとに清水道夫、小池哲夫、笹井一臣が加わる。昭42年の再結成後初のデビューシングル「バラ色の雲」が爆発的にヒット。以後、ヒットを連発するが、マンネリとなり昭46年解散。

「暗い砂浜」にある新しい感覚

近田　ヴィレッジ・シンガーズは、GSの中でもカレッジフォーク的な匂いの強いバンドとしてスタートした。成城大と成蹊大の学生が中心だったんだよね。

――ああ、いかにもって感じがしますね。お上品な清潔感がある。

近田　この時代のこの界隈において、成城的なるものは一定の位置を確保していた。黒澤明の長男でブロードサイド・フォー（活動期間：昭和39〜41年）のリーダーだった黒澤久雄は成城大中退だし、サベージの「いつまでもいつまでも」を作詞作曲した佐々木勉《べん》さんは成城大卒。サベージの寺尾聰は文化学院の出身だけど、何だか成城っぽさがあるじゃん。

――いささか強引な理屈ですが、言いたいことは分かります（笑）。

近田　加山雄三さん演じる若大将シリーズの主役が通う大学のモデルは、慶應じゃなくて成城だと思うんだよ。バンカラな早稲田とは対極を成す、お坊ちゃん的な校風を感じる。

――ヴィレッジ・シンガーズのデビュー曲は**「暗い砂浜」**（昭41年10月）で、リードギタリストの小松久さん自身が作曲しています。

近田　「暗い砂浜」の12弦ギターの使い方は、後にワイルド・ワンズの加瀬さんにも感じたのと同様、ザ・バーズを彷彿とさせた。この曲からは、それまでの歌謡曲にはなかった新しい感覚を受け取ったんだ。GSバンドのメンバーが自作自演した楽曲で、俺に同じような興奮を覚えさせたのは、テンプターズの「忘れ得ぬ君」、ザ・ランチャーズ（※）の「真冬の帰り道」（昭42年11月）、そしてこの曲の3曲だった。

※加山雄三が結成したバンドで、「加山雄三とザ・ランチャーズ」などの予備バンドを経て、昭和42年に加山から独立して「ザ・ランチャーズ」と命名。シングル「ブラック・サンド・ビーチ」、アルバム『恋は紅いバラ／加山雄三アルバム』など。昭45年自然消滅。

「暗い砂浜」

――ところが、近田少年の興奮を一般リスナーは共有せず、全然売れなかった。

近田　そう。翌年、彼らが発表した3枚目のシングルが**「バラ色の雲」**（昭42年8月）。これが、デビュー曲に寄せた未来への希望をぶ

「バラ色の雲」

ち壊す甘ったるいフォーク歌謡でさ。とにかくがっかりしたよ。バンドである必要性がまるでない。

――作詞は橋本淳さん、作曲は筒美京平さんです。近田さんが筒美京平という名前を知ったのは、このシングルが初めてだったそうですね。

近田　「誰がこんな曲作ったんだ」と思って、腹立ちまぎれにレコード屋で歌詞カードを確認したことを覚えてるよ。その後、俺は大の京平ファンになるわけだけど（笑）。

「亜麻色の髪の乙女」でコーラス・グループへ

――近田さんの憤懣《ふんまん》とは裏腹に大ヒットを記録したこのシングルの前に、実はメンバーチェンジが行われています。当初の4人から2人が去り、新たに3人が加入する。

近田　その時に入ったのが清水道夫さん。まあ、歌も上手いんだけど、もっぱらルックスを買われて引き込まれたと思うんだ。この曲の成功は、身も蓋《ふた》もないヒットの方程式を導き出した。普通の意味で顔がよくて、普通の意味で歌が上手くて、普通の意味で分かりやすい抒情的な詞と曲があれば、一丁上がり。その後ろに、書き割りの背景としてエレキを抱えた人間がいればいいだけなんだよ。ＧＳは、そういう風に見切られちゃったんだよね。

——絵面《えづら》としてバンドが成り立っていれば、他はもうどうでもいい（笑）。

近田　うん。でも、それは商売として正しい認識だったから、雨後の筍《たけのこ》のごとく叢生《そうせい》したほとんどの後進ＧＳが、右へ倣えするようになった。ただ、先達ってのは偉大だなと思うのは、「バラ色の雲」の路線を踏襲した楽曲で、本家以上に売れた曲ってないのよ。

——フォーク歌謡の系譜には、先がなかったんですね。ヴィレッジ・シンガーズのもう一つの代表曲が、５枚目の**「亜麻色の髪の乙女」**（昭43年２月）。詞は橋本淳、曲はすぎやまこういちと、万全のスタッフィングで臨んでいます。

近田　当然、失敗するはずもなく、予想通りの着実な好成績を収める。

「亜麻色の髪の乙女」

——さまざまな歌手にカバーされるエヴァーグリーンな名曲と化しましたよね。島谷ひとみのヴァージョンがヒットした２００２年には、清水道夫を騙《かた》る偽者が長野県御代田《みよた》町《まち》で催された夏祭りのカラオケ大会の審査員として登壇、いい湯加減の歌唱を披露したものの、ギャランティを詐取したとして逮捕される事件も起きました。

近田　ああ、ワイドショーでも、脱力的なトピックとして取り上げられてたね（笑）。

――あの犯人は、清水さんのみならず、横浜銀蠅のTAKUを名乗って寸借詐欺を行っていたという過去も明らかになりました。それはそうと、「亜麻色の髪の乙女」以降のヴィレッジ・シンガーズは、事実上、ロックコンボからコーラスグループへと移行します。

近田　もはやGSとしての意味は消え失せちゃったんだよね。

――昭和45年7月に発表したアルバムのタイトルは『恋と女とむせび泣き』。

近田　これ、どう考えても、ロックバンドの作品の表題じゃない（笑）。

――キャリアの末期には、「六本木の雨の中で」（昭和45年6月）、「ノーチェ・デ・渋谷」（昭和45年9月）など、タイトルからして水商売っ気十分のムードコーラス然としたシングルを連発し、昭和46年6月に解散する。最後のステージは、名古屋のビアガーデンでの営業だったそうです。6月のビアガーデンって、恐らく閑散としてますよね。

近田　「暗い砂浜」に希望を見出した俺から見れば、淋しい終わり方だよ。

解散後の多彩な面々

――ヴィレッジ・シンガーズのメンバーは、マーケティング的な才能に恵まれていたのか、解散後に新たな進路を見出します。まず、ドラマーの林ゆたかさんは、オールディーズ専門のライブレストラン「ケントス」を開業し、全国的にチェーン展開を行う。

近田　もともと、六本木に林さんが店を開いたんだけど、当初は閑古鳥が鳴いてたのよ。しょうがないから、毎週火曜にみんな酒でも飲みながら演奏しようと決めたら、その友達が次々と遊びに来るようになって、うっかり盛り上がっちゃった。

――常連だった近田さんは、この店で、ヴィレッジ・シンガーズ、スウィング・ウエスト、ザ・バニーズといったＧＳのＯＢによって結成されたダーティー・サーティーズというバンドに参加します。

近田　最初は内輪のお遊びだったんだけど、気がつけば、それが売りになっていた。その後、日本各地にケントスが進出するきっかけになったんだよね。

――ヴィレッジ・シンガーズのリーダーだった小松久さんは、レコード会社のディレクターに転身。日本コロムビア、ＣＢＳ・ソニーを経て、ビーイングではＴＵＢＥやＺＡＲＤ、Ｂ．Ｂ．クイーンズなどを手がけ、大ヒットを連発します。

近田　ＧＳの時代は驚くほど短かったけど、このムーヴメントから身を起こした人材は、後年に至るまで、音楽界に確かな爪痕を残してるんだよね。

エピローグ　忘れがたきバンドの数々、そしてＧＳの終焉

カーナビーツ、パープル・シャドウズ、モップス

――ここまで、それぞれ一章を割いて語ってきたバンド以外にも、それなりのヒットを飛ばしたGSは存在します。例えば、ジャガーズとともにデビューしたザ・カーナビーツ(※)。

※昭和42年結成。メンバーは臼井啓吉、越川ひろし、岡忠夫、喜多村次郎、アイ高野。「恋をしようよジェニー」「オーケイ!」など。昭44年解散。

近田　デビュー曲の**「好きさ好きさ好きさ」**(昭42年6月)は、イギリスのロックバンドであるゾンビーズのカバーだった。アイ高野がスティックを突き出すアクションは、一世を風靡《ふうび》したよね。

――ドラムスとヴォーカルを兼ねるアイ高野は、その後、末期のゴールデン・カップスに加入したり、竹田和夫率いるクリエーションに参加して「ロンリー・ハート」(昭56年4月)をヒットさせるなど、その後の時代にも着実に名を刻んでいきます。

近田　あとは、パープル・シャドウズ(※)も忘れちゃいけない。

※昭和43年「小さなスナック」でデビュー、大ヒット。メンバーは今井久、綿引則史、川合良和、大場吉雄。

――デビュー曲が「小さなスナック」（昭43年3月）。この時点で、すでにして水商売っぽさが濃厚ですが、5枚目のシングルは**「別れても好きな人」**（昭44年11月）。その10年後に、ロス・インディオス＆シルヴィアが大ヒットさせたムード歌謡の原曲です。

近田　そもそも、この曲がＧＳのレパートリーだったという事実を知らないリスナーも多いだろうね（笑）。振り返ってみれば、ＧＳの大きな変節を象徴するシングルだった。

「別れても好きな人」

「好きさ好きさ好きさ」

――これ、近田さんががっかりしたというサベージの「いつまでもいつまでも」同様、佐々木勉さんが作詞作曲を手がけているんですよ。女性歌手との競作企画だったらしい。

近田　佐々木さんは、しぶといポジションにいる人だよね。実は、ＧＳの分岐点において、その歴史を決定する方向付けを行っている。しかし、そもそもはカレッジフォーク的な資質を持つ人だったのに、何でまた、あんな夜の匂いの強い曲を書けちゃったのか（笑）。

――ＧＳから次の時代への移行を体現したバンドが、ザ・モップス（※）。

※昭和42年結成、「朝まで待てない」でデビュー。フラワー・ムーヴメン

トの流れで、プレスを呼んでＬＳＤパーティーも開いた。メンバーは鈴木ヒロミツ、星勝《かつ》、三《み》幸《ゆき》太郎、村上薫、スズキ幹治。昭49年解散。

「朝まで待てない」

近田　デビュー曲の**「朝まで待てない」**（昭42年11月）は、阿久悠さんが本格的な作詞家デビューを果たしたナンバーだった。作編曲は村井邦彦さん。ジェファーソン・エアプレイン（※）なんかのサイケデリックなサウンドを射程に収めたサウンドが斬新だったよ。

※ドラッグカルチャーやサイケデリック文化を象徴するアメリカのロックバンド。デビュー・アルバムは『テイクス・オフ』。主たる活動期間は１９７４～84年。

——彼らにとって、ＧＳという自意識は希薄だったかもしれない。モップスは格好もヒッピー風だったし、同時代においては、かなり異彩を放っていた。

近田　モップスやゴールデン・カップスにとっては、ＧＳというカテゴライズをまとうことは、とりあえず世に出るための便宜でしかなかったと思うんだ。

ＧＳの終焉

——昭和46年初頭、主たるバンドの活動がほとんど終了したことによって、ＧＳは実質的に終焉を迎えます。その翌年に発表されたモップスの「たどりついたらいつも雨ふり」（昭47年7月）は、吉田拓郎による作詞作曲。ＧＳから完全に脱却しています。

近田　解散もせず、名前も変えず、ちゃんと生き残った稀有なケースだよね。ＧＳの次の時代にも対応できたのは、モップスとカップスだけだった。

――その後、鈴木ヒロミツさんはホリプロ筆頭格のタレントとして、星勝さんは井上陽水を始めとするキティ系のアーティストを手がけるプロデューサーとして名を馳せる。

近田　後世に残るタレント、優れた作家やプロデューサーを輩出したという意味で、ＧＳというムーヴメントの持つ価値は大きかった。

――その代表例が、アウト・キャスト（※）。このグループだけ見ても、浜田省吾などを手がけた水谷公生《きみお》さん、杉山清貴＆オメガトライブや菊池桃子を育てた藤田浩一さん、キャンディーズに数々のヒット曲を提供する穂口雄右《ゆうすけ》さん、アミューズの社長を務めた松崎澄夫さんなど、錚々《そうそう》たる人材がはばたいている。

※昭和41年、水谷淳（公生）と大野良二を中心に17歳の若者だけで結成されたグループ。昭42年「友達になろう」でデビュー。メンバーはほかに轟健二（松崎澄夫）、中沢啓光《ひろみつ》。翌年解散。

近田　ただ、アウト・キャスト自体は、あんまり売れなかったんだけどね。

――渡辺プロが力を入れてデビューさせたものの、後発のワイルド・ワンズやタイガースに追い抜かれていった印象があります。

近田　潜在的な才能はあったんだけど、何か、華が足りなかったんだろうね。

ザ・ジェノバと小柳ゆき

――GS史を彩ったメジャーなバンド以外に関しても、この機会に拾っておきましょう。近田さんの印象に残っているバンドというと？

近田　ステージに犬を連れてきたザ・ヴァン・ドッグスとか、メンバー全員がスカートをはいていたザ・クーガーズとか、差別化を求める結果、外見の違いに活路を見出したバンドが多かったよね。まあ、聴いてみると、音楽的にはどんぐりの背比べだったんだけど(笑)。

――ヴィジュアル系にしても、アイドル戦国時代にしても、同じことが言えますね。ある程度シーンが成熟すると、音楽以外の面で、極端な方向に走るしかない。

近田　一番記憶に残っているのは、ザ・ジェノバ（※）だね。

※米英中心からロシア・ソビエトサウンドに切り替えたら売れるだろうという目論見のもとに、昭和

42年に結成された無理やりなバンド。メンバーは佐々木章一、岩本まさる、金原まもる、西田憲夫、山本吉明。

——はいはい。**「サハリンの灯は消えず」**（昭43年2月）でデビューした5人組ですね。

近田　イタリアの地名をグループ名に冠しているのに、肝心の楽曲はロシアを舞台にしている（笑）。ロシア民謡に寄せた曲調は物悲しく、まるっきりのド歌謡曲だったんだよね。今日の今日まですっかり忘れてたけど、この曲はメルクマールとして重要かもしれない。

——ＧＳのドメスティック化を語るに当たってのマイルストーンになると。

近田　そう。ずーっと後の話と結びつけるけど、ＧＳにとっての「サハリンの灯は消えず」は、和製女性Ｒ＆Ｂシンガーのブームにおける小柳ゆきの登場に近いと思うんだよ。

——彼女は、「あなたのキスを数えましょう ～You Were Mine～」（１９９９年９月）でデビューしています。

「サハリンの灯は消えず」

近田　あそこから、せっかく宇多田ヒカルやＭＩＳＩＡが築いてきた本格的なＲ＆Ｂ志向が退行しちゃうわけよ。旧来の下世話な歌謡曲の世界に戻っちゃった。

——宇多田ヒカルやＭＩＳＩＡの楽曲がお洒落なクラブの風景を

「栄光の朝」

脳内に描かせたのに対し、小柳ゆきの場合のそれは、深夜のドン・キホーテだった気がします。

村井邦彦の抵抗

近田　その意味においては、GSの作り手の中で、歌謡曲化の潮流に対し、出来得る限りの抵抗を続けたのが、村井邦彦さんだったと思うんだよ。反骨精神がある。

——その代表的な楽曲が、先ほど話に出たモップスの「朝まで待てない」だったと。透明感の強い印象がある典型的な村井ナンバーとは、ちょっと趣が異なりますが。

近田　そう。職人気質《かたぎ》の村井さんは、どんな曲でも作れるんだよね。ゴールデン・カップスの「本牧ブルース」が村井さんの書いた曲だと気づいた時は、ちょっと驚いたよ。

——確かに。個人的には、北原ミレイの「ざんげの値打ちもない」（昭45年10月）が村井作品だと知った時も、虚を衝かれました。

近田　フィフィ・ザ・フリー（※）というGSが発表した**「栄光の朝」**（昭44年11月）こそ、村井さん本来の素養が最大限に発揮された楽曲だね。まさに洗練を極めている。

※昭和41年、大阪芸術大学の軽音楽部のバンドを中心に結成。曾根隆、まぶちはじめ、吉田一夫、うつみ伸一、原田康彦。「おやじのロック」でデビュー。ほかに「チェンジ・ユア・マインド」。昭47年解散。

――その知名度と比べれば意外ですが、村井さんが職業作家として活躍したのはせいぜい4、5年に過ぎない。その後は、アルファレコードを設立し、荒井由実やイエロー・マジック・オーケストラなど、歌謡界とは一線を画す洗練された音楽の普及に努めました。

近田　もちろん、その生き方は尊敬に値するんだけど、一方で俺はやっぱり、取り残された側であるＧＳならではの素っ頓狂なたたずまいに惹かれちゃうんだよね（笑）。

ＧＳが体現する、はかない魅力

――ポストＧＳのムーヴメントとして、象徴的な出来事がＰＹＧ《ピッグ》の結成。タイガースの沢田研二、岸部おさみ、テンプターズの萩原健一、大口広司、スパイダースの井上堯之（孝之）、大野克夫が参加したこのバンドは、昭和46年2月にデビューします。

近田　英米では、ビッグネームを糾合したスーパーグループという新しい概念が生まれていたんだよね。スティーヴ・ウィンウッドとエリック・クラプトンによるブラインド・フェイスとか、アル・クーパー、マイク・ブルームフィールド、スティーヴン・スティルスによるアルバム『スーパー・セッション』（68年7月）とか。

——それを本邦に移植したのが、PYGだったんですね。

近田　このPYGを、最後のGSととらえるのか、それとも、次の世代への橋渡し的存在だったととらえるのか、その判断によって歴史観はだいぶ変わってくる。

——洋楽に憧れてきたようなリスナーからすると、PYGは、旧来の芸能界のあり方を引きずった商業的なバンドと見なされていたようですね。GSとは一線を画すインディペンデントなグループが主体となる日比谷野音のイベントに登場すると、「帰れ」コールが起こって、観客にはものすごい拒否反応を示されたと聞きます。

近田　事実として、PYGは渡辺プロ主導のプロジェクトだったからね。次第に、沢田研二とそのバックバンドという形に落ち着いて、アイデンティティを失ってしまう。

——ちなみに近田さんは当時、PYGの小型版というべきバンドのサポートメンバーとして、キーボードを演奏していましたね。

近田　はいはい、ロック・パイロットね。ザ・ピーターズ、P.S.ヴィーナス、ザ・ファニーズというB級GSの残党が集ったバンドだったんだよ。このグループもナベプロ所属だった。

――ＧＳのコアな時代は、事実上、昭和41年から45年までの5年間に過ぎません。

近田　あっという間にしぼんじゃったよね。例えば、ＡＫＢ48のデビューからすでに17年が経っていることを思えば、ＧＳのブームはあまりにも短い。今のＪポップでは、延命措置のスキルが相当に進化してるんだよ。

――ＳＭＡＰは、25年も第一線に立ち続けたわけですからね。

近田　こんな浮ついた人気が長続きするわけはない。ＧＳの面々は、心の片隅においてそう悟った上で活動していた。そのはかなさにこそ、魅力を感じるんだよ。今の芸能界でタレントを売り出すに当たっては、長年の経験を積んで整理された方法論があって、ある程度の期間は、身分が保障されているからさ。

――ここ最近の言葉で言えば、サステイナブル――持続可能的ってことですね（笑）。

今のＪポップはＧＳ以前に退化

近田　Ｊポップとの違いでもう一つ言うなら、ＧＳは、そのフォーメーションに魅力があった。ヴォーカルを成員に含めたバンドという形態が目新しかったこともあり、全員のキャラクターが立っていて、顔を覚えることができたんだよね。

――まあ、レコーディングにおいて実際に演奏してたかどうかは別として、という留保は必要かもしれませんが（笑）。

近田　今のＪポップのほとんどのバンドは、ヴォーカル以外のメンバーが入れ替わっても、ファン以外は誰も気づかないと思うのよ。その意味では、ＧＳ以前に戻ってしまった。

――実質上、歌と伴奏、という形態に回帰してしまった。

近田　あとさ、ＧＳって、何だかんだ言って、アメリカやイギリス音楽に対する憧れを原点にバンドを始めたわけじゃん。ところが、最近のＪポップのバンドって、洋楽を全然聴いてないいんだよ。洋楽が偉いとか言うつもりはないけれど、これだけ海外の情報に対するアクセスが容易になった時代において、それはやっぱりもったいないと思うんだ。

――Spotify や Apple Music といったサブスクリプションのチャートを見ても、日本ばかりが、ガラパゴス的に孤立していることが分かります。簡単に情報に触れられるからこそ、わざわざ自発的にそれを手に入れに行かない、という逆説があるのかも。

近田　西洋文化を受容する過程でうっかり混入してしまったトンチンカンな誤解を愛でるという楽しみ方も、ＧＳファンは大事にしてきた（笑）。風流ってことだよね。

――インターネットが普及した今、そういうノイズって混じりづらいですからね。

近田　その情報格差は、ＧＳ時代の国内にもあったんだよね。当時、東京と地方との間には、まだまだ厳然たる流行の時間差が存在していた。地方からすれば、東京で展開されるＧＳの派手な活動は、まるで海外を垣間《かいま》見《み》るような思いがしたはず。

――ＧＳは、完全に首都中心のムーヴメントでしたからね。

近田　俺、20年以上前に、阿久悠さんと紅白歌合戦をめぐる鼎談《ていだん》をしたことがあるんだけど、忘れられない発言があるんだよ。阿久さんは、郷里の淡路島に住んでいた頃、紅白からは毎回、最新の感覚を受け取っていたと言う。でも、東京で暮らしていた俺から言わせれば、紅白は、もう終わってしまった一つ前の流行が披露される場だったんだよ。そのことを伝えたら、阿久さんは大笑いしてたけどさ（笑）。

ＧＳが短命だった理由

――ＧＳブームが長持ちしなかった理由は、何だと思いますか。

近田　やっぱり、音楽そのものに対する研究の度合いが浅かった。ＧＳの人たちって、日々の遊びの中で、音楽以外にも愛する対象がいっぱいあったと思うのよ。

——音楽は、ワン・オブ・ゼムだったわけですね。

近田　たまたま、バンドが流行ってたからそれに飛びついただけでさ。それに対して、その後のフォークやニューミュージックと呼ばれるジャンルの人たちは、持てるエネルギーのすべてを音楽に注ぎ込んでいた感がある。俺、体質的にはフォークもニューミュージックも苦手なんだけど、彼らのその姿勢は認めざるを得ないよね（笑）。

——近田さんが感心したフォークの分野のアーティストというと？

近田　五つの赤い風船とＲＣサクセションだね。新しい可能性の片鱗《へんりん》を示していた。自作自演という意味で、ＧＳも本来はこういう方向に進むべきだったと思わされたよ。

——この時期は、全共闘が生まれ、全盛期を迎え、壊滅へと向かう時期と一致してるんですよね。ところが、彼らと同じ年回りの人間が演奏していたＧＳの楽曲を聴いても、騒然とした世間の雰囲気はまったく伝わってこない。

近田　歌は世につれ世は歌につれというけれど、少なくともシリアスな側面においては、ＧＳは世につれなかったし世もＧＳにつれなかった。まあ、その軽佻《けいちょう》浮薄なところにこそ、俺なんかはどうしようもなく惹かれているんだけど（笑）。

【第2部】 近田春夫による対話篇

第10章 瞳みのる＆エディ藩

2大グループの内側から見たGS

瞳みのる　昭和21年、京都市生まれ。昭42〜46年までザ・タイガースのドラマーとして在籍。グループ解散後、芸能界から完全引退。その後、慶應義塾大学文学部に入学し、同大学文学部中国文学科修士課程を修了、慶應高校の教員となり30余年にわたり教鞭《きょうべん》をとる。平成23年、芸能界に復帰。著書に『ロング・グッバイのあとで』『ザ・タイガース　花の首飾り物語』など。（写真・前頁左）

エディ藩　昭和22年、神奈川県横浜市生まれ。昭41年、関東学院高校在学中に渡米。帰国後デイヴ平尾に出会い、平尾時宗とグループ・アンド・アイを結成。昭42〜47年までザ・ゴールデン・カップスのリードギタリストとしてバンドの中心的存在となる。平成15年、ザ・ゴールデン・カップスを再結成。（写真・前頁中央）

麻雀からバンドの真似事へ

近田　お2人がいらしたタイガースとゴールデン・カップスは、ＧＳというムーヴメントにおいて、両極を成していた印象があります。京都から上京したアイドルの象徴としてのタイガースと、横浜の不良を体現したカップス。その強いコントラストが、ＧＳの多様性を表現していました。

藩　ところが、タイガースとカップスは、不思議と仲がよかったんだよね。

瞳　そうそう。よく一緒に麻雀したりしてさ。

藩　特に、岸部おさみとデイヴ平尾は強かった。ここじゃ名前を出せないような芸能界のVIPたちからも、調子よくカモってたもんだよ（笑）。

近田　そうだったんですか。まあ、相手の想像は大体つきますが（笑）。

瞳　タイガースが生まれたそもそもの理由は、麻雀仲間を集めることにあったんです。

近田　なかなか意外な話ですね。

瞳　僕、岸部おさみ、森本太郎の3人は、京都の小学校や中学校での同級生だったんだけど、卓を囲むには3人じゃ面子《メンツ》が足りない。そこで、僕が通っていた定時制高校に入ってきた加橋かつみを引き入れて、麻雀を教え込んだのが、後のタイガースの原型となった。

近田　最初から音楽をやろうと思ったわけじゃなかったんですね。

瞳　麻雀だけじゃ飽き足らなくなった4人は、家でレコードを聴いたり、京都市内のダンスホールに繰り出したりして遊ぶようになったわけ。そのうち、バンドの真似事も始めたんですよ。

近田　それが、サリーとプレイボーイズですよね。どんな音楽を演奏してましたか。

瞳　ベンチャーズとかアストロノウツといったエレキインストですね。それから、寺内タケシとブルージーンズの「よさこい節」（昭40年12月）もやりました。

近田　最初は、ヴォーカルがいなかったんですね。

瞳　そう。ある日、四条河原町にあった「田園」という店に行ったら、そのステージで、サンダースという専属バンドが演奏してたんですが、その真ん中で歌っているのが、声も顔も飛び抜けてカッコいい男で。

近田　それが沢田研二さんだったと。

瞳　ええ。すぐに口説き落として、僕らのバンドに5人目のメンバーとして迎え入れました。しかし、沢田もよく来てくれたもんだと思いますよ。だって、こっちはまだ単なるアマチュアのバンドで、別に何か仕事が決まっていたわけじゃない。サンダースという確固たる居場所があったのに、僕らと一緒にいたいという一心で、グループに加わってくれた。

近田　その決断がなければ、タイガースはこの世に存在しなかった。

瞳　でも、麻雀の面子はすでに足りていたから、もう面倒くさくなって、沢田には誰もわざわざ麻雀のルールを教えなかった。だから、沢田はいまだに麻雀できないんじゃないかな（笑）。あいつは、僕らが麻雀をやってるあいだは、もっぱらお茶汲みばっかりやってましたよ。

我先にと沢田の股間を……

近田　沢田さんの参加をきっかけに、ファニーズと改名するわけですよね。

瞳　その後、3、4カ月ほど、僕一人が大阪に行って、古谷充《たかし》とザ・フレッシュメンというジャズ・グループのバンドボーイとして働きました。あくまでも、音楽業界とはどんなところなのかを視察することが主目的だったんですけどね。そろそろ京都に帰ろうと思って、辞めたいと申し出たら、「お前、そんなことより、ここにいて歌手やらないか」と慰留されたんです。ちょっと後ろ髪を引かれましたね。

近田　ドラマーからシンガーに転向する可能性があったわけですね。

瞳　でも、京都では仲間が「帰ってこい、帰ってこい」と言って待ってるから、帰りましたよ。だけど、仕事なんかありゃしない。しかも、僕は勘当されてたから、住む家もない。その時、岸部の兄さんが京大の学食で調理をやってたことが救いになりました。その紹介で、半ば住み込みみたいな形で岸部も僕もしばらく皿を洗い続けましたよ。

近田　そして、大阪のジャズ喫茶「ナンバ一番」にレギュラーとして出演することになります。どんな伝手で、その話が決まったんですか。

瞳　仕事を取ってくる営業的な役割は、僕が担ってました。その一環ですね。あの頃は、キャバレーやクラブを回って、とにかく何とか仕事を取ってきたものです。

藩　じゃあ、結構変わった場所にも行ったんじゃない？

瞳　そう。カルーセル麻紀が勤める店でも演奏したことがあるよ。その楽屋に引っ込んだら、沢田が何だか微妙な表情を浮かべている。理由を聞いてみると、舞台に近づいてきたその店のホステスたちが、我先にと沢田の股間を触ってきたらしい。

近田　ホステスといっても、男性か元男性ですよね。

瞳　そう。ステージの後方でドラムを叩いていた僕は、そんなことにはまったく気づかなかったけどね（笑）。

藩　当時の大阪じゃ、少し上にはザ・リンド&リンダース（※）なんかがいたよね。

※昭和40年、大阪で加藤ヒロシが結成したバンドが、翌年リンド&リンダースと改名。昭和42年「ギター子守唄」でデビュー。昭和43年、本格的なGS路線の曲「銀の鎖」を発表。翌年解散。

瞳　そうそう。彼らとは仲がよかったんですよ、先輩ですが。それから、後のオックスの母体となるザ・キングスっていうのもいた。彼らは、大津が地元でしたね。

謎の音、エレキにしびれる

近田　エディ藩は……というと他人行儀だから、本名の潘廣源から採った普段の呼び方でコウちゃんと呼ばせてもらうけど、バンドを組むきっかけは何だったの？

藩　横浜中華街の「鴻昌」という中華料理店の跡取りとして生まれた僕は、幼稚園から小学校まで、インターナショナルスクールに通っていた。その後、自分は中学校から関東学院に進んだんだけど、小学校時代の大概の同級生は、山手にあったセント・ジョセフというインターナショナルスクールに上がるわけ。

近田　セント・ジョセフ、今はもう閉校しちゃいましたね。

藩　そんなある日、ラジオを聴いていたら、リッキー・ネルソンやエルヴィス・プレスリーが歌う後ろで、グワングワンと鳴り響く謎の音の存在が気になった。

近田　つまり、それがエレキギターの音だったわけね。

藩　そう。その後、自分の目の前で、インター時代の先輩がエレキの音を出したのを聴いた時は、「もうこれはダメだ。俺は一生この音と付き合っていこう」と思ったんだ。

瞳　まさに、エレキにしびれちゃったんだ（笑）。

藩　そして、楽器屋でギターを習い始めて、2回ぐらい通った時に、そこの親父が、「ちょっと今日、『クリフサイド』に行ってくれない？」と言う。

近田　クリフサイドは、今も元町の坂の上にあるダンスホールですよね。

藩　あそこでやってる音楽っていうのは、グレン・ミラーとかベニー・グッドマンといったスウィングジャズなわけ。つまり、俺には全然縁のないジャンルなんだよ。

近田　何でまた、そこに行かされたわけ？

藩　俺だってそう思ったよ。「まだギターなんてちゃんと弾けませんよ」と言ったんだけど、「いいから、いいから」と言って、無理矢理送り出された。現場に着いたら、ものすごい人数のオーケストラが揃っている。管楽器だけでも、10人ぐらいいるんだから。

近田　相当本格的だね。

藩　ところが、聞いてみると、本当に吹けるのはそのうちの4人ぐらいなんだって（笑）。

近田　見かけ倒し。外面だけ整えてたんだ。

藩　さらに、ギターだって何人もいた。俺も突っ立って、弾いてる振りしてたよ。

瞳　タイガースに入った頃の岸部シローと一緒だよ。まさにエアギター（笑）。

藩　恐らく、楽器屋の親父は、俺の分のギャラを懐に入れてた。つまり、こっちはギターを習う月謝を払ってた側なのに、いいように利用されてたんだよね（笑）。

近田　ひどい話だなあ（笑）。

藩　その後、桜木町のジャズ喫茶に出入りしたりするうち、音楽の趣味が近い横浜の腕自慢の連中と知り合うことになる。デイヴ平尾とか、ケネス伊東とかさ。

近田　つまり、カップスを構成するメンバーですね。

アメリカでの音楽的原体験

藩　俺は、関東学院高校を卒業するに当たって、両親に頼み込んだんだよ。帰ってきたら店の手伝いでも何でもやるから、アメリカに行かせてくれって。親がその条件を飲んでくれたから、サンフランシスコに渡ったところ、偶然、デイヴ平尾に出会ってしまった。

近田　海外旅行が珍しかった当時としては、なかなかない巡り合わせですよ。

藩　そして、現地でゼム（※）のコンサートを観ることになった。

※北アイルランド・ベルファストでヴァン・モリソンを中心に結成されたロックバンド。1965年アルバム**『ゼム・ファースト～アングリー・ヤング・ゼム』**を発表。活動期間は64～72年。

『ゼム・ファースト～アングリー・ヤング・ゼム』

近田　ゼムは、ヴァン・モリソンがヴォーカルを務めた北アイルランドのバンドですね。

藩　他にも、ジャズやR&Bを採り入れたマンフレッド・マンとかガレージロックの祖とされるザ・プリティ・シングスとか、いわゆるホワイトブルースのバンドのライブを観ることができた。

近田　かなり貴重な体験ですよね。まだ1ドルは３６０円で、海外は遠かったし。

藩　日本に帰って、久しぶりに平尾に会ったら、ファッションが様変わりしていた。完全にアメリカかぶれでさ、ロングヘアに横縞のＴシャツ着て、細身のジーンズはいてるわけ。

近田　つまり、フラワージェネレーション（※）そのまま。

※フラワーチルドレンと呼ばれた１９６０～70年代のアメリカのヒッピーの世代。ベトナム戦争を背景にして、平和と愛の象徴として花で身体を飾った。

藩　「今、バンドやってるから」というから、本牧のライブハウス「ゴールデン・カップ」まで観に行ったんだ。演奏はまあまあだったけど、平尾と他のメンバーの見てくれの落差が激しくてさ。平尾はラブ&ピースな格好してるのに、後ろのバンドはアイビーカットで何だか真面目そうな衣装を着てるんだから。

近田　ちぐはぐですね（笑）。

藩　平尾に「正直に感想を言ってくれ」と求められたんで、「メンバーのセンスのバランスが取れてない」と返したんだ。そしたら、「じゃあ、お前、新しいメンバー探してくれないかな」と言う。そんなきっかけから俺が集めた面子が、〝平尾時宗とグループ・アンド・アイ〟というバンドを結成した。

近田　どんな曲がレパートリーだったんですか。

藩　ケネス伊東なんかは日系二世で父親が米軍に勤めてたから、アメリカの新しいレコードがいち早く手に入る。ザ・ポール・バターフィールド・ブルース・バンド（※）とか、黒っぽいものを聴いて、すぐにステージに採り入れてたね。

※ブルースシンガーでハーモニカ奏者のポール・バターフィールドが1963年に結成したバンド。活動期間は63〜71年。

近田　拠点は本牧の「ゴールデン・カップ」だったんだよね。

藩　そう。ただ、そういう曲ばっかりやってると、米軍施設のすぐ近くという土地柄もあって、評判を聞きつけた黒人がたむろするようになる。そこに、たまたま白人が入ってくくると、喧嘩が始まっちゃうんだよ。

瞳　そりゃ大変だ。

藩　毎晩命がけだったよ（笑）。しかもそこに、中華街の不良グループとか、朝鮮高校の連中とかまで加わってくると、三つ巴やら四つ巴やらで、もう収拾がつかない。

近田　ギャラって、いくらぐらいだったの？

藩　バンド全体で、月に20万円ぐらいだったかな。

近田　当時の貨幣価値を考えたら、大したもんですよね。

藩　景気がよかったんだよ。店のオーナーは、ドリンクと交換に米兵から受け取ったドル札を段ボール箱に次々と投げ込むんだけど、すぐにあふれちゃうから、足で踏んづけて何とか収めるわけ。それでも、やっぱり横にこぼれ出しちゃう。

近田　ずいぶん大雑把な話だね（笑）。

藩　ステージのすぐ脇にその段ボール箱があるから、演奏中、ポロッと落ちたお札を拾って、店長に「これ、落ちてるよ」ってサインを送るんだけど、「いいから、いいから、もらっとけ」ってジェスチャーをくれるんだよ。もはや、金が金じゃないんだよ。

瞳　時代はベトナム戦争の真っ最中だったから、彼らは明日の運命をも知らぬ身だった。

藩　そう。最前線に待機していた米兵は、刹那的な気持ちを抱えていたんだろうね。

近田　それが昭和何年ぐらい？

藩　昭和41年から42年にかけての話だね。

デビュー曲「僕のマリー」への抵抗感

近田　同じ頃、ファニーズの方はどんな状況でしたか。

瞳　あっという間に人気が急上昇しました。その時分、サベージの姫路公演の前座を務めたことがあるんですけど、僕らの演奏が終わったら、大方のお客さんが帰っちゃった。サベージの連中、みんな気を悪くしちゃってね（笑）。

近田　そんな状況だから、ファニーズにはスカウトが殺到したそうですね。

瞳　ええ。松竹芸能やスパイダクションからもオファーが舞い込んだ。ただ、スパイダクションは、3人だけ来てくれればいいと言うんですよ。沢田と森本と岸部だけで十分、僕と加橋は要らないと（笑）。

近田　ずいぶんはっきり言いますね。

瞳　やっぱり、それは沢田が断りました。どうしても5人じゃないと嫌だということで。

「僕のマリー」

近田　結局、寺内タケシとブルージーンズのヴォーカルとして「ナンバ一番」に出演した内田裕也さんに見染められ、渡辺プロと契約することになります。

瞳　その頃、作詞家の橋本淳さんも、東京からわざわざ観に来てたんですよ。

近田　フジテレビの「ザ・ヒットパレード」のディレクターだったすぎやまこういちさんの私設アシスタントとして、こき使われていた時期ですね。

瞳　僕らに会ったら、藪《やぶ》から棒に「私は奴隷です」とこぼす。驚いてよくよく聞くと、すぎやまこういちさんの代理として観に行ってこいと命じられたんだという。その奴隷が、翌年、僕らにデビュー曲**「僕のマリー」**の歌詞を提供するとは思わなかった（笑）。

近田　あのシングルの作曲は、親分のすぎやまさんでした。その曲想を得るために、子分を大阪まで遣わしたってことなんでしょうね。

瞳　考えてみれば、昭和41年の2月から「ナンバ一番」に出始めて、その年の11月には上京、翌年2月にはデビューしたから、下積み期間はあんまりなかったんですよね。苦労が人を成長させるという面はあるけど、私見では、下積みがあまりにも長いと、性格がひがみっぽくなる場合が多い（笑）。その意味では、僕らは恵まれていたと思います。

近田　「僕のマリー」を受け取った時は、どんな感想を持ちましたか。

瞳　すごい抵抗感を覚えましたよ。何でこんな歌謡曲やらなきゃいけないんだと思った。

近田　僕も、まるっきりそう思ったんですよ。当人が同じ気持ちを抱いていたと知って、自分の印象は間違いじゃなかったんだとお墨付きを得た気がします。

ビートルズにはないストーンズの快楽

近田　ジャズ喫茶に出てた頃は、どんなナンバーを演奏してたんですか。

瞳　ステージで映えるのは、ローリング・ストーンズの曲なんですよ。ビートルズは、意外に盛り上がらない。

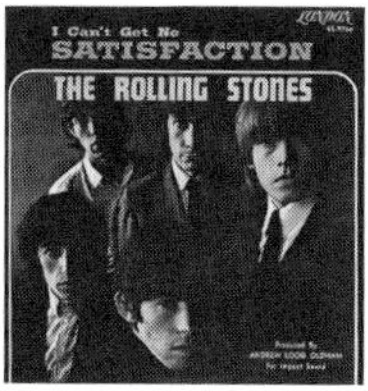

「サティスファクション」

近田　そうなんですよね。GSはビートルズに影響を受けたという説が支配的だけど、GSのライブでは、ビートルズのカバーを演奏するのってあんまり観たことがない。

藩　確かにやらないね。

瞳　ノリがよくないんだよね。**「サティスファクション」**（1965

年6月）、「ジャンピン・ジャック・フラッシュ」（68年5月）、「ペイント・イット・ブラック」（66年5月）といったストーンズのナンバーは、とにかく盛り上がる。やってるこっちも楽しいしね。

藩　ブルースの循環コードのリフレインが、若者の心に刺さったんだと思うよ。

瞳　「金毘羅《こんぴら》船々《ふねふね》」と一緒ですよ。同じフレーズをずっと繰り返すうち、みんなで陶酔の極致に達してしまう。ストーンズにはその快楽があるけれど、ビートルズにはない。

近田　ビートの反復によって、宗教的なトランス状態に導くわけですね。

瞳　確かに、ビートルズのメロディーやハーモニーは魅力的なんだけど、その効果は持続しない。繰り返しがないから、興奮がブツブツと寸断される印象がある。

藩　それに、ビートルズは、アルバム『リボルバー』（1966年8月）ぐらいから、スタジオでの録音が活動の主体になってきたじゃない？　ライブはやらなくなっちゃってさ。

瞳　弦楽八重奏を導入したり、音響的な実験に挑んだりと、生演奏では再現不可能な楽曲を発表するようになったからね。

藩　ビートルズは、いろんなエフェクターを駆使するのも早かったよね。コンプレッサーとか、ファズとかさ。それを他のバンドが真似していった。

瞳　ファズといったら、「サティスファクション」のイントロだよね。最初、耳にした時は、雑音にしか聴こえなかった。不協和音だし。

藩　俺の知り合いは、「これは絶対、スピーカーに穴を開けてるに違いない」と勝手に推理して、本当にそれを試しちゃったんだよ。

近田　すごいな（笑）。

藩　確かに、最初は迫力のある音がバーッと出る。でも、そのうち、プスッ、プスッと息も絶え絶えになって、結局は何にも鳴らなくなっちゃった（笑）。

近田　タイガースは、最初にテレビ出演した時、ポール・リヴィア&ザ・レイダーズの「キックス」を演奏していましたね。

瞳　ええ。あれはフジテレビの「ザ・ヒットパレード」でした。

近田　それを観て、渋いバンドだなと思ったんです。こんな選曲するなんて、並大抵じゃないセンスを持っているなと。洋楽の情報はどこから得ていたんですか。

瞳　岸部おさみの弟のシローが詳しかったんですよ。ラジオで聴いた最新の楽曲について、僕らに教えてくれた。

「アイ・フィール・グッド」

タイガースのマネージャーの功績

近田　カップスが最初にテレビに出たのはいつ？

藩　まだグループ・アンド・アイ名義だった頃に、ＴＢＳの「ヤング７２０」に出たんだよ。当時の横浜には、ナポレオン党という不良グループがいたじゃない？

近田　外車を乗り回したり、ダンスパーティーをやったりして派手に遊んでたんだよね。ちなみに、その女性版が、浅野忠信の母親やキャシー中島がいたクレオパトラ党。

藩　ナポレオン党の取材のため「ゴールデン・カップ」に来た番組スタッフが、僕らのことを気に入っちゃって、プロでもないのに出させてもらった。

近田　そこで演奏した曲は？

藩　確か、ジェームス・ブラウンの**「アイ・フィール・グッド」**（１９６５年10月）だった。それで、デイヴ平尾がパーッとアップになったら、テレビ局にクレームが来たんだよ。それを観た視聴者のおばあちゃんが、ショックで心臓が止まって死んじゃったって。

近田　本当なの？　フレッド・ブラッシーのプロレスの試合みたいな話だね。

瞳　「ヤング７２０」、タイガースもよく出ましたよ。

藩　あの番組でのタイガースは、自分たちの持ち歌じゃなく、ストーンズとか、ザ・モンキーズ（※）とか、デイヴ・クラーク・ファイヴとかの曲を演奏してたよね。

※アメリカのロックバンド。1966年、デビュー曲「恋の終列車」と、同名のデビューアルバムを発表。翌年にアルバム『アイム・ア・ビリーバー』。活動期間は65年から断続的に2021年まで。

近田　その後、注目度が高まったグループ・アンド・アイは、〝ゴールデン・カップス〟と改名して昭和42年6月にデビューする。

藩　プロになったら収入が増えるのかと思ったら、とんでもない。給料制だったから、実入りは、本牧で演奏してた頃の半分以下になっちゃったよ（笑）。

近田　上京後のタイガースは、共同で合宿生活を送っていましたよね。

瞳　そう。最初は千歳烏山、次に四谷の左門町、そして上目黒へと引っ越した。デビューから3年ぐらいはずっと一緒に住んでたんですよ。ただ、左門町に移る時、加橋かつみだけが、麻布の狸穴《まみあな》で一人暮らしを始めたんだけど。

近田　当時のナベプロのマネージャーが、有名な中井國二さんです。

瞳　新入社員だった中井さんは、やる気に満ちていましたね。多摩美大を出ているだけあって、クリエイティブなんです。これやろうあれやろうって、次々にアイデアが湧き出てくる。そして、採算のことなんか考えず、それを実行に移してくれました。

近田　かなり存在感が大きかったんですね。

瞳　まあ、最初の「僕のマリー」には失望しましたけどね（笑）。中井さんがタイガースを担当したのは、最初の2年間ぐらい。サラリーマンだから、やっぱり異動がある。彼の後から担当に就いたマネージャーは、音楽のことなんてまるで分かっちゃいない。タイガースにとっての中井國二は、ビートルズにとってのブライアン・エプスタインだった。

近田　エプスタインは、ビートルズのキャリア前半を支えたマネージャーですね。32歳の若さで亡くなってしまいましたが、その死は、ビートルズ解散の遠因になったとも言われています。

瞳　もしも中井さんがずーっとマネジメントを続けてくれていたら、僕らは解散しないで済んだと思っています。

藩　事務所の違う俺も、中井さんは好きだったな、何か優しかったからさ。カップスがデビューした頃、中井さんに助言されたんだよ。「エディ、テレビ出る時はさ、ブスッとしないでちょっと笑ってみなよ。それだけでレコードの売上も全然違うぞ」って。半信半疑で笑顔を浮かべてみたら、「長い髪の少女」がいきなりヒットしちゃってさ（笑）。

瞳　へえ、そんなこと言ったんだ。

藩　さすが、タイガースのマネージャーは違うなと思ったよ（笑）。

瞳　中井さんは、ナベプロを辞めてから、ガロ（※1）やキャロル（※2）にも関わることになる。

※1．昭和45年、堀内護、日高富明、大野真澄が結成したフォークロックグループ。「学生街の喫茶店」「君の誕生日」「ロマンス」で一世を風靡する。昭51年解散。

※2．昭和47年に結成されたロックバンド。メンバーは矢沢永吉、ジョニー大倉、内海《うちうみ》利勝、ユウ岡崎。「ルイジアンナ」「ヘイ・タクシー」「ファンキー・モンキー・ベイビー」など。昭50年解散。

藩　大きな事務所には珍しく、トッポい人だったよね。

売れようが売れまいが給料制

瞳　ナベプロ所属のGSとしては、僕らの前に、アウト・キャストもワイルド・ワンズもいた。でも、タイガースはもう、売れ方が桁違いだったんですよね。

近田　その儲けは、本人たちにはどれぐらい還元されたものなんですか。

瞳　給料制だったから、毎月一定額しか入ってきませんでしたよ。例えば、忙しい中、さらに映画に一本出たとしても、月給は変わらない。

藩　うちと一緒だ（笑）。

瞳　それとは別に歌唱印税が支払われたけど、作詞家や作曲家とは違って、歌い手側に入ってくる印税なんて本当に微々たるもの。まあ、何かの時に５人で１００万円の印税をもらった時は、帝国ホテルに部屋を取って、客室中にみんなでお金をばらまいた。大金を手にしたなと実感できたのは、後にも先にもあの一回こっきり。

近田　あれだけの人気者だったから、巨万の富を得ているものと思ってましたよ。

瞳　レコードが売れようが売れまいが、自分の実入りには大した影響がないから、だんだん、馬鹿らしくてやってられねえなという思いが強まってくる。野球選手と一緒で、僕らも自分たちの耐用年数なり賞味期限なりの中で、その働きにふさわしいだけのペイを受けなきゃおかしいんじゃないかなって。

近田　そういう気持ちは芽生えますよね。

瞳　中国には、合従連衡《がっしょうれんこう》という故事成語があるじゃないですか。

藩　おっ、さすがは漢文の先生（笑）。

瞳　そもそもは、春秋戦国時代、強大な秦に対抗して周辺６カ国が築いた協力体制を「合従」、彼らの関係にくさびを打ち込むため、秦がそれぞれの国と個別に結んだ同盟関係を「連衡」と呼ぶんです。その結果、6カ国の連帯は雲散霧消してしまい、秦の天下統一が実現する。タイガースに対して、ナベプロは秦と同じ戦略で臨んだわけですよ。

近田　メンバーをバラバラにしちゃったってことですか。

瞳　そうそう。デビューの1年後ぐらいから、契約に当たって、事務所はメンバーと個別に接触するようになった。どうやら、沢田だけを特別扱いして、他の面子と待遇に差をつけていることが伝わってきたんです。給料も、恐らく一人だけ高かった。

近田　そりゃあ、疑心暗鬼を引き起こしますよね。

瞳　僕らの意識では、あくまでもメンバーは全員平等だったんです。ナベプロの論理では、沢田はリードヴォーカルだから厚遇するってことなんだろうけど、バンドを構成する一員であることにおいて、他の仲間たちとその立場に違いはない。

近田　バンドっていうのは、そもそもそういうもんですからね。

瞳　ナベプロに対して探りを入れてみたら、こんなことを言うわけ。「クレイジーキャッツ（※）のやり方と一緒だから。植木等の次に谷啓を売り出したみたいに、沢田研二の後は順番が回ってくるから、ちょっと待ってくれよ。心配しなくていいから」って。

※昭和30年に結成したコミックバンド。メンバーはリーダーのハナ肇、植木等、谷啓、犬塚弘、安田伸、桜井センリ、石橋エータロー（後に脱退）。テレビ番組「シャボン玉ホリデー」のコントで人気を博す。昭36年、植木が歌う「スーダラ節」が大ヒット、翌年、植木の主演映画『ニッポン無責任時代』もヒットする。昭40年以降は主に個人活動に移る。

近田　いかにも、その場しのぎの詭弁《きべん》ですよね（笑）。

瞳　しかし実際のところは、事務所の屋台骨であるクレイジーのようにちゃんとした扱いを受けることはなかった。

藩　クレイジーは、俺の目から見ても、やっぱり基礎がしっかりしてたよね。演奏技術だって、芸大レベルでしょ。実際、サックスの安田伸さんは芸大出身だし。YouTubeで彼らの昔の映像見ると、今さらながら驚いちゃうよ。その上、コントだとか演技だとか、いろんな芸までやれるわけだから。それに対してGSは、エレキ持って歌うことぐらいしかできなかった（笑）。

藩、タイガースに誘われる

瞳　そんな危うい状況の中、タイガースは**『ヒューマン・ルネッサンス』**（昭43年11月）

を発表するんです。あのアルバムのコンセプトは、かつみが主導していた。今、改めて聴くと、ロシアのウクライナ侵攻を予見していたように思えるんですよ。

近田　あのアルバムに込められた平和へのメッセージは、60年近く経って、再びその真価に光が当たったわけですね。

瞳　ただし、あのアルバムの反戦メッセージが現在に通じてしまっていることについては、本当に残念に思います。人間というものは、進化しないいんだなと。

近田　昭和44年には、突如、タイガースから加橋かつみさんが脱退します。メンバー間において、何か話し合いみたいなものはあったんですか。

瞳　なかったんですよ。まあ、加橋が僕らの共同生活から離れたぐらいから、ちょっとよくない予兆は感じていましたが。

『ヒューマン・ルネッサンス』

藩　実を言うとさ、かつみが辞めた時、俺、「タイガースに入れ」って誘われたのよ。

瞳　えーっ、ちょっとイメージが合わないよ（笑）。それ、まったく知らなかった。

藩　ある日、カップスの所属してた東和企画のマネージャーから連絡が来て、「ちょっと箱根まで行ってくれ」と頼まれたんだ。何の用事か分からないまま現地に向かったら、途中で、「実はタイガースから声がかかってる」なんて言うから驚いてさ。箱根にあったスタジオに呼ばれて、オーディション受けたんだよね。

瞳　ちょうど、タイガースが箱根で合宿やってたんだよ。急にかつみが抜けることになって、中井さんが焦ってたから、とにかくいろんなギタリストを呼んだんだと思う。

藩　まあ、もしも俺がタイガースに入ったとしても、すぐ辞めさせられてたよ（笑）。

瞳　申し訳ないけど、いざ候補者を招集したその段階では、状況が急変していて、岸部シローが加入することは、もう内輪で決まってたんだよ。シローは、肝心のギターに関しては、多少弾ける程度でしかなかったんだけどね。

近田　コウちゃんは、いわば出来レースに参加させられたわけだ（笑）。

瞳　その頃になると、僕もいい加減、タイガースを辞めたいと思ってたんですよ。事務所に対してもその意志を告げたものの、懸命に慰留されて思いとどまった。ただ、その時点で、続けるとしてもあと1年だけだと肚《はら》はくくっていました。

藩　どういう風に説得されたの？

瞳　「辞めたってしょうがない。一人じゃ何もできないぞ」とか、「渡辺プロが一生責任持つから」とか。「あ、嘘だ」と直感したね（笑）。生涯の保障なんてしてくれるわけない。実際、ナベプロ自体、今や音楽は主軸じゃなくなっちゃったじゃないですか。

バンド内部の上下関係

近田　その頃、共同生活はまだ続いていたんですか。

瞳　上京して4年目ぐらいには、上目黒の合宿所から沢田が出て行き、続いてタローと岸部おさみも出て行った。結局、僕は最後までそこに住んでたんですけどね。どうせ辞めるんだから、今引っ越してもしょうがないだろうと。

近田　その頃は、他のメンバーもタイガースから気持ちが離れつつあったんですか。

瞳　それなりに、それぞれ外の世界との付き合いも生まれていましたからね。沢田研二は、ソロとしての活動を見据えていただろうし、岸部おさみの中には、すでに役者になろうという気持ちが芽生えていたと思う。

近田　じゃあ、シロー君は、加入した時点で、このグループの未来はそう長くないという気配を感じ取っていたのかもしれませんね。

瞳　タイガースというのは、コーラスグループとしても十分やっていけるクオリティを保

「シェリー」

持していたと思うんです。それに関しては、すぎやまこういちさんにも太鼓判を押されたことがある。何しろ、音域が広いんですよ。下の音は岸部おさみ、真ん中に沢田がいて、その上に森本太郎、そして一番の高音部は加橋かつみ。

近田　その一角が崩れるという事実には、かなりの危機感を覚えたことでしょうね。

瞳　でも、そこを岸部シローが見事に補塡《ほてん》した。もしも、タイガースがコーラスグループの道を選んだなら、死ぬまで一緒にやれたかもしれない。ザ・フォー・シーズンズ（※）みたいな方向性もありえたんじゃないかな。まあ、その場合、ドラマー専任でコーラスには参加しなかった僕は、用済みで放り出されちゃったかもしれないけど（笑）。

※1960年代に世界的に成功したアメリカのコーラスグループ。61年にフォー・シーズンズと改名し、「**シェリー**」がヒット。その後も「恋はヤセがまん」「恋のハリキリ・ボーイ」などミリオンを記録する。

近田　タイガースって、バンド内部に上下関係がないですよね。

瞳　何にもない。平等でした。GS業界は、結構、先輩後輩の序列に厳しかったけど。

近田　カップスも、長幼の序なんか全然気にしなかったでしょ。

藩　自由な感じに振舞ってたからそう見えたかもしれないけど、それなりに秩序はあったんだよ。そもそも、その辺をきちんとしないと、あの世界では生き残れない。

近田　無頼っぽいエディ藩がそんなこと言うなんて、ちょっと意外だね。

藩　例えば、**シャープ・ホークス**（※）の安岡力也って、強面《こわもて》に見えるじゃない。ところが、意外と可愛いところがあるんだよ。

※グループの原型は昭和38年、後に演歌歌手となる女性、サリー・メイを含む5人のメンバー。昭和40年、男性4人だけのヴォーカルグループとなり、翌年「ついておいで」でデビュー。続く「遠い渚」がヒット。メンバーは激しく入れ替わり、昭44年に解散。

瞳　本当はかなりおとなしい性格なんだよね（笑）。

藩　でも、上下関係にはすごくうるさい。俺、力也に言われたんだ。「お前さ、普段、俺と2人っきりでしゃべってる時はタメ口を利いてもいいけど、そこに少しでも目上の人がいたら、俺に対しても敬語使わなくちゃダメだぞ」って。

近田　力也さんって、コウちゃんより年上だっけ？

シャープ・ホークスの面々

藩　同い年なんだけど、デビューは向こうの方が1年早いんだよ。そこはけじめを付けなきゃいけないって意味だったんだと思う。伊達《だて》に長くやってないなと感心したね。

近田　殊勝な態度だね（笑）。

藩　俺も、カップスのみんなに「やっぱり、周囲に可愛がってもらわなきゃいけない」と、態度を改めるように促したよ。それからはおべんちゃらも出るようになった。

近田　カップスらしくないなあ（笑）。

飯倉「キャンティ」と川添象郎

近田　あの時代は、GSのバンドのメンバー同士で、結構交流があったものなんですか。

藩　俺とピー（瞳みのる）、それからテンプターズの松崎由治の3人はよくつるんでたよね。平河町のディスコ「パシャ・クラブ」にはよく行ったもんだよ。イギリスから来日してたクリニックっていうグループがハコバンで出てて、そのハモンドオルガンが聴きたくってさ。

瞳　そうだったっけ？　僕は全然音楽なんて気にしてなくてさ、あそこにいたフランス人のゴーゴーガールに夢中になっちゃった。

藩　それで、付き合っちゃったんだよな（笑）。

瞳　彼女がフランスに帰り、しばらくするとお互いの気持ちは冷めちゃったんだけど。

近田　それ以外に、よく通った店はありますか。

藩　GSの連中は、ちょっと人気が出てくると、決まって、生意気にも飯倉のイタリアンレストラン「キャンティ」に行くようになるんだよ。

瞳　あそこでは、必ず誰かに会ったよね。ムッシュ（かまやつひろし）とか、（内田）裕也さんとか。

近田　あの店のオーナー夫人だった川添梶子さんは、「キャンティ」の一画に「ベビードール」というブティックを開店していました。

瞳　タイガースの衣装は、ほとんど「ベビードール」で作ってたんですよ。一度だけ「コシノジュンコ」で誂《あつら》えたけど、正直、センスが合わなかったなあ（笑）。

近田　あの一族の川添象郎《しょうろう》さんは、アルファレコードの設立に参画したりと、音楽界にもかなり関わりが深い。

藩　あの人、もともとフラメンコのギタリストだったんだけど、その腕前がものすごい。加橋かつみのライブで共演させてもらった時、あんまり上手いもんだから、恐れ入って、俺はステージから逃げ出したくなっちゃったよ。

近田　川添さんは、伝説には事欠かない傑物ですよね。「脳梗塞と心筋梗塞をやった人間はいるだろうけど、それに加えて、身柄拘束まで経験したやつはいない。この三つを制覇したのは俺だけだよ」と豪語してた（笑）。

瞳　何回も逮捕されてるからね（笑）。

藩　日劇ウエスタン・カーニバルの終演後は、毎回3人で羽を伸ばしたもんだよな。

瞳　マネージャーの中井さんも厳しかったし、メンバーの森本太郎も堅物だったから、普段はなかなか遊べなかったんだよ。

藩　さすが、天下のタイガースは管理が厳しいね。カップスは、はねっ返りが多いから遊んでばっかりだった。地方のキャバレーなんかに営業に行くと、その当時は反社会的な方面が裏にいることが多かったんで、彼らに監禁されちゃうんだよ。「こいつら、放っとくと全員逃げちゃうぞ」って（笑）。そういう噂が広まっていたんだろうな。

近田　ウエスタン・カーニバルは、毎回、一週間にわたって開催されていました。その期間こそが、彼らの目を盗む貴重な機会だったんですね。

藩　ピーは、遊びたくってしょうがなくってさ。舞台がはねると、待ってましたって感じで、「行こう行こう」と誘ってくる。

瞳　ただ、日劇を出るまでが大変な難儀だった。

近田　さぞかし、ファンの出待ちがすごかったんでしょうね。

藩　楽屋の出口に楽器車をピタッと寄せて、その中に隠れて脱出したんだよ。

近田　カルロス・ゴーンの逃亡劇を彷彿とさせますね（笑）。

瞳　わざわざ、有楽町の日劇から中華街のエディの実家「鴻昌」まで行ったりしたよね。少々悪いことを含め、エディ先輩にはいろいろなことを教わりましたよ（笑）。

ブルコメとスパイダース

近田　テンプターズとも仲が良かったと思うんだけど、解散後の松崎（由治）さんの動向は、あまり知られてませんよね。

藩　昭和44年に、「ヘアー」ってミュージカルの日本公演が行われたじゃない？

瞳　タイガースを辞めた加橋かつみが主役を張った舞台だよね。

藩　あの時、松崎はバンドの指揮者をやってたんだよ。

近田　じゃあ、オーケストラピットにいたわけですね。

藩　あいつさ、やきもち焼きだから、いざ自分が弾くギターソロの段になると、やたらと目立とうとするんだよ。客席から見えるほどに立ち上がって、アピールを始める（笑）。

近田　裏方には向いてない（笑）。その後、音楽からは足を洗いますよね。

藩　いつだったかな、突然、松崎から電話があったんだよ。実家に帰って、埼玉県の熊谷の方で焼鳥屋を始めるんだと言う。俺も実家は料理屋だから、手伝いに行ったよ。肝とか皮とかいろいろ仕入れて、さばいたり串打ちしたりしてさ。

近田　ＧＳのレジェンドが、焼鳥でコラボレーションしてたわけだ（笑）。

藩　夜になると、サービスだってことで、テンプターズ時代のギターや機材を店に引っ張り出してくる。そして、俺に「ちょっと弾いてよ」って言うわけ。松崎の歌う「おかあさん」の伴奏をさせられたよ。泣きそうになったよ（笑）。

瞳　今は、すっかり音信不通になっちゃったんだよね。

近田　松崎さんがこの座談会をお読みでしたら、ぜひご連絡をいただきたいものです。

藩　久しぶりに会いたいよ。

近田　その他のＧＳについては、どんな印象をお持ちでしたか。例えばブルコメは？

瞳　みんな紳士だよね。面白くないほどに紳士なの。だから、彼らに対しては、何だか冗談言えないんだよ（笑）。

近田　その点で、GSって感じが薄いんですよね。

瞳　そうそうそう。ブルコメの本質は、バックバンドだよ。

藩　でも、ピーはブルコメ好きだよね。

瞳　カチッとしてるから好きなんだよ。ジャッキー吉川さんの正確無比なドラミングは素晴らしい。まあ、多少速いぐらいが本当はロックっぽいんだけど。

藩　対照的なドラマーが、スパイダースの田辺昭知さん。

瞳　フォームは美しいんだけど、リズムがね、もったいない（笑）。

藩　走っちゃうんだよね。

瞳　そう。さらにあの人、自分が目立たないと気が済まないタイプでさ、やたらめったらオカズを入れるんだよ。

近田　オカズっていうのは、本来のリズムパターンとは別に、アクセントとしてはさみ込むフレーズのことですね。英語では、フィルインともいう。

瞳　歌う人間からしたら、ものすごい迷惑だよ（笑）。うるさくってしょうがない。

藩　ピーター＆ゴードンが来日した時は、スパイダースがバックを務めたんだって。

「愛なき世界」

近田　「愛なき世界」（1964年2月）のヒットで有名なイギリスの2人組ですね。

藩　「愛なき世界」はバラードなのに、演奏しているうちに、どんどんどんどん速くなっちゃう。後で、すごく文句言われたって。

瞳　「テンポなき世界」だね（笑）。

内田裕也と樹木希林

近田　お2人は、僕の師匠に当たる内田裕也さんとも関係が深かったですよね。タイガースは、そもそも裕也さんが発掘したことをきっかけにデビューしていますね。

瞳　上京してからも、「キャンティ」なんかにしょっちゅう連れて行ってもらいました。

近田　てっきり、あの人自身がプロデュースを手がけるのかと思いきや、デビュー以降、仕事の面において、タイガースに携わることはなかった。

瞳　恐らく、ナベプロから手切れ金みたいなものをもらって、タイガースから手を引いたんじゃないかとにらんでるんです。

近田　それ、よく噂に出る話ですけど、本当なんですか。

瞳　ええ、真相に近いと思いますよ。彼自身に財力はなかったから、自前で売り出すことは難しかった。結局、僕らを大きな会社組織に委ねる道を選んだんじゃないかな。

近田　生前の裕也さんから、何回かその辺について探り出そうとしたことがあるんだけど、あの人、聞かれたくない話題になると、露骨に機嫌が悪くなるんですよね（笑）。

瞳　裕也さんは、タイガース解散コンサートの後、有楽町の小さなちゃんこ屋で、メンバーだけを集めた送別会を開いてくれたんですよ。あれはうれしかった。

近田　何か責任のようなものを感じていたのかな。結構義理堅いんですよね（笑）。

藩　俺はさ、裕也さんが樹木希林さんと結婚するに当たって、彼女の親御さんにあいさつするのに同席させられたんだよ。

近田　あれは昭和48年のこと。希林さんが、まだ悠木千帆を名乗っていた頃ですね。

藩　彼女の母親が横浜の野毛で料理屋をやってたから、「お前、横浜の人間だろ」ってことで、訳も分からず駆り出された（笑）。

近田　意外と、気が小さいところあるんですよね。

藩　裕也さんって、口の前に人差し指と中指を立てながら歌うじゃん。

瞳　ああ、〝加トちゃんぺ〟みたいなポーズね。

藩　ずっと不思議だったからさ、一度、酒の席で聞いてみたことがあるんだよ。「ああやって歌うと、何か音響的なエフェクトがかかるんですか」って。そしたら、「あれだよ、差し歯が落ちないようにするためだよ」だって（笑）。

近田　そう。あの人、前歯2本が差し歯だったんだよ。裕也さんはああすることによって声がステレオになると信じてるなんて説も、巷《ちまた》では囁《ささや》かれてたけどね。

藩　拍子抜けするような答えだったよ（笑）。

GSの急激な失速の理由

近田　GSは、タイガースとカップスがデビューした翌年である昭和43年に爛熟《らんじゅく》期を迎え、明くる44年には急激に失速を始めた感があります。当事者としては、その状況をどのように見つめていましたか。

藩　やっぱり、あまりにも多くのバンドがデビューしすぎたよね。すぎやまさんにしても鈴木邦彦さんにしても、最初はいい曲書いてたけど、GSブームの後半になると、あまりにも忙しくなって、楽曲もマンネリ化しちゃった。

近田　見る見るうちに尻すぼみとなっていったよね。子どもの話題にも上らなくなった。

藩　その流れは、あれだけの社会現象を巻き起こしたタイガースですら止めることができなかった。タイガースの人気が傾くと、親亀こけたらみなこけたっていう具合に、GSというムーヴメントは終息に向かって行ったんだよね。

瞳　当時のエディは、そういう印象を抱いてたんだ。

藩　GSブームの途中から、英米では、ニューロックが興隆し始めたじゃない？　ただ、日本には、ああいうヒッピーっぽい文化を受け入れる土壌が存在しなかった。体質的に合わないと思うんだよね。

近田　GSが範としていた洋楽は、本場では一時代前の存在となっていた。かといって、最新のサウンドを輸入しようと思っても、そう簡単にはいかなかったということですね。

瞳　そもそも、GSを支えたレコード会社や事務所のスタッフたちは、バンドのメンバーたちが夢中になっていた同時代の洋楽、ビートルズやストーンズには興味がなかった。ロカビリーやカントリー&ウエスタンが中心の世代の人間だったからね。

近田　作家にしたって、すぎやまさんはクラシック、鈴木邦彦さんや筒美京平さんはジャズをやりたかったわけですもんね。

瞳　GSのバンドが、しっかり足腰を鍛えて自立して、周囲から何を言われようとやりたいことをやり通すぐらいの力を持てればよかったんだけどね。要するに会社側は、売れる時に売る、儲けられる間に儲けるってことしか考えてない。稼げるだけ稼いだら、看板をかけ替えて次のことをやればいいって安直な発想なんですよ。

近田　業界がＧＳに見切りをつけるのが早かったってことですね。

瞳　カントリー＆ウエスタンからロカビリー、ロカビリーからＧＳ、ＧＳからフォークって、流行りに乗って変わり身ばっかり続けてたら、そんな連中には何も残らないよ。周りの世の中なんて関係なく、馬鹿の一念でもいいから貫き通したなら、ローリング・ストーンズみたいにだってなり得たかもしれない。

近田　ストーンズは、いつだって今が一番カッコいいですもんね。

瞳　それがロックですよ。

ピーの芸能界への復帰

近田　タイガースが解散した昭和46年、沢田さんたちは、ＰＹＧ《ピッグ》を結成します。タイガース、テンプターズ、スパイダースの元メンバーを糾合したＰＹＧは、瞳さんの目からご覧になった時、ＧＳの範疇《はんちゅう》に入りますか。それとも、ＧＳの次の時代へ移行したバンドだったと思いますか。

瞳　結局、GSの残党ですからね、あくまでもGSですよ。

近田　瞳さんは、タイガースの解散後、誰もが思ってもみない道へと進みます。慶應義塾大学文学部に入学して中国文学を学ぶ。その後は、大学院を経て慶應高校の教員となり、漢文や中国語の授業を担当します。

瞳　結局、33年間にわたって教壇に立ったんですよね。

近田　僕も、慶應高校の出身なんですよ。一度落第して、4年間通いました（笑）。

瞳　慶應の同窓会である三田会でも、音楽のヒエラルキーの中で一番丁重に扱われるのはクラシックやオペラの連中。次にジャズ、そしてポピュラーが来て、GSみたいな大衆音楽は何段も低く見られるんですよね。それが嫌で、僕は三田会からは脱会しちゃった。

藩　GSって、ロックの中でも地位が低い。ずっと虐げられてきたよな。

近田　タイガースは、解散後に散発的な形で再結成を繰り返しますが、長い間、瞳さんがそこに参加することはありませんでした。

瞳　そもそも、僕はタイガースのメンバーとの連絡を完全に絶っていましたから。2人の息子にさえ、18歳になるまでは、自分がタイガースのピーだったことを隠し通していた。

近田　そんな瞳さんが、２０１１年になって芸能界に復帰することになったのは、何がきっかけだったんですか。

瞳　２００8年に、タイガースの初代マネージャーだった中井國二さんが、僕の職場である慶應高校の文化祭に訪ねてきたんですよ。たまたま僕は不在にしていたので、彼は、自分に電話をかけてほしいという伝言を名刺の裏に残し、僕が顧問を務めていた奇術部の生徒にそれを託していった。

近田　それは驚きますよね。

瞳　電話をして、いざ中井さんに会ったら、まず、「仲のよかった5人をバラバラにしたのは僕たちの責任だ」と謝罪する。顔を合わせる前は、ナベプロの回し者ぐらいに思っていたけど、この人は嘘をつかない人なんだろうなと、改めて信頼することができた。

藩　何か予兆はあったの？

瞳　その直前、加橋を除くタイガースの面々がＮＨＫの「ＳＯＮＧＳ」に出て、「ロング・グッバイ」という曲を歌っていたことを、同僚のフランス語講師から聞かされてはいた。その曲には、ずっと会っていない僕に対するメッセージが込められているらしいと。

近田　そして、メンバーとも再会するわけですね。

瞳　道玄坂の日本料理屋にかつみ以外の面々と中井さんが集ったんだけど、最初は、この会合の目的に対して懐疑的な部分があって、みんな態度が硬いわけ。特に、沢田研二や岸部一徳（おさみ）なんかは、自分が何かいいように利用されるんじゃないかと身構えている（笑）。よりによってピーが来たってところに、怪しい魂胆を感じたんだろうね。だけど、杯を重ねるにつれてその緊張は和らぎ、バンド結成前の友達同士にみるみる戻っていった。

全員揃った東京ドーム公演

近田　２０１１年には沢田さんのコンサートに一徳さんや太郎さんとともにゲスト出演。２０１３年には、タイガースのオリジナルメンバー全員が揃い、ツアーを行います。

瞳　加橋に出てもらうのには苦労しましたよ。帝国ホテルに来てもらって、5、6時間かけて説得したものの、首を縦に振らない。うんざりしましたよ。それを聞いた沢田が、じゃあ、俺が代わりに口説き落とすと言う。もう無理だと思ったけど、沢田は偉いよ。執念で加橋にうんと言わせた。

近田　最後の東京ドーム公演には、シロー君も車椅子に乗ってゲスト出演しました。

瞳　今思えば、いい記念になりましたね。

近田　晩年のシロー君は、自己破産を余儀なくされるなど、経済的に困窮しました。

瞳　タイガースのみんなで飯食ったりタクシーに乗ったりした時、あいつが財布を開くところを一度たりとも見たことがない（笑）。飲む打つ買うを一切やらないあんなケチが、何で破産しちゃうのかと不思議でしょうがなかったよ。

藩　借金問題で「ルックルックこんにちは」の司会から降板した後、シローは俺の家によく来てたんだよ。その頃、鈴木ヒロミツが甲斐甲斐しく面倒を見てさ、「シローに飯でも食わせてくれ」って言うから。

近田　いい友達に恵まれたよね。

藩　シローは、俺の家に上がって、当たり前のような顔してフカヒレか何か食ってササッと帰っていった。特にサンキューも何も言わずにね（笑）。物怖《ものお》じしないんだよ。

近田　分かるなあ、その感じ。

瞳　２０２０年には、残念ながらそのシローも亡くなってしまった。後から入ったシロー以外のオリジナルメンバーは、幸いみんな健在です。

藩　うらやましいよ。ゴールデン・カップスのオリジナルメンバーで生き残ってるのは、もう俺だけだもん。まあ、カップスはみんな不摂生だったからね（笑）。

瞳　僕は今年（2022年）、76歳を迎えましたけど、3歳の子どもがいるんですよ。

近田　えっ、孫じゃなくって？

瞳　そう。再婚した妻との間に、72歳の時に息子が生まれまして。

藩　俺よりさらに一つ年上だっていうのに、元気にもほどがあるよ（笑）。

近田　GSの記憶を後世へと語り継ぐために、お二人にはまだまだ長生きしていただきたいものです（笑）。

第11章　作曲家・鈴木邦彦に根掘り葉掘り

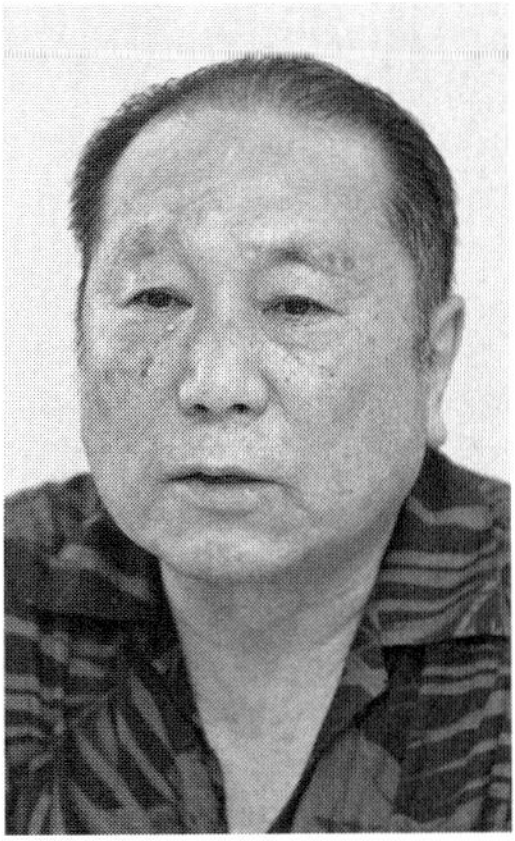

鈴木邦彦　昭和13年、東京府生まれ。慶應義塾大学経済学部卒業。ピアノを独学で習得し、学生時代からジャズピアニストとして活動を開始するが、のち中村八大に師事し作曲・編曲家をめざす。作曲家デビューして間もない昭43年「天使の誘惑」が第10回日本レコード大賞を受賞。その後、安西マリア、奥村チヨ、ザ・ゴールデン・カップス、シャープ・ホークス、西城秀樹、ザ・ピーナッツ、藤圭子、森田健作など、きわめて多数の歌手やバンドに楽曲を提供。（写真・前頁左）

ジャズピアニスト・中村八大に師事

近田　邦彦さんは、もともとジャズの人じゃないですか。そこからどうやってＧＳみたいなロックの世界に足を踏み入れることになったのか、ルーツからうかがいたいなと。

鈴木　僕、実家が大森だったんですよ。特に金持ちというわけではなかったんだけど、周囲を見回しても、ピアノがあるのはうちぐらいだった。小学生の頃、そのすぐ近所に、和田肇さんという高名なジャズピアニストの方がたまたまアパートを借りていたんです。

近田　戦後の日活で活躍した俳優・和田浩治のお父さんとしても知られる方ですね。

鈴木　和田さんの本宅は水戸にあったんだけど、ＮＨＫの仕事なんかが多かったから、東京にもアパートを借りていました。そこにはピアノが置けなかったので、上京するたび、僕の家を訪れてピアノを練習していたんです。

近田　なかなか恵まれた環境ですね。

鈴木　小さかった僕は、その横で、興味なさげな顔をしながら耳をそばだてて、和田さんが帰った途端、すぐピアノの前に座って、彼が弾いていた曲を弾き出すわけ（笑）。何でも、模倣から始まるということですよね。

近田　その後、ジャズマンから後に作曲家となる**中村八大**（※）さんとの長らく続く関わりが生まれるわけですね。

※昭和6〜平成4年。代表作に水原弘の「黒い花びら」、坂本九の「上を向いて歩こう」、梓みちよの「こんにちは赤ちゃん」など多数。

中村八大のアルバム

鈴木　僕が中学生の頃、日本のジャズピアニストで一番尊敬できる存在は、中村八大さんでしたから。当時、僕は大森から茅ヶ崎に引っ越していたんだけど、八大さんも茅ヶ崎に住んでいた。そんな縁があって、ご自宅にお邪魔する段取りをつけまして。

近田　相当な行動力を備えた中学生だったんですね。

鈴木　ただ、自分だけで行くのは緊張したから、同級生の一人に一緒についてきてもらったんですよ。僕は引っ込み思案なタイプだったんで、もっぱらその友達ばかりが八大さんとおしゃべりしている。最後に、「じゃあ、鈴木君、弾いてみて」と八大さんが言うのを聞いた僕が立ち上がったら、「あれ、君が鈴木君だったの?」だって（笑）。

近田　そんなに内気だったとは（笑）。

鈴木　何か弾いてみせたら、ブルースのコード進行を記したメモを僕に渡して、「今度は、このコードの間を埋める形でメロディーを書いてきなさい」とアドバイスをくれたんです。

近田　その段階から、和声を元にメロディーを作る方法を身につけ始めたんですね。当時の歌謡曲の作家はメロディー先行だったから、その発想は日本では新しかったはず。

鈴木　ただ、当時の八大さんはあくまでもジャズマンで、水原弘の「黒い花びら」（昭34年7月）を書いて歌謡曲の作曲家として名を成すのは、その5、6年後のことなんです。最初の訪問以降、たびたび八大さんのお宅にうかがって、いろいろな知識を吸収しました。

ミッキー・カーチスからの多大な影響

近田　邦彦さんは中等部から慶應に通っていましたが、そのまま進んだ大学では、ライトミュージックソサイエティという学内のビッグバンドに所属することになります。

鈴木　その傍ら、在学中にスマイリー小原とスカイライナーズ（※）から誘いを受け、ピアニストのみならずアレンジャーの役割も担いました。そんなことを続けてたら、さすがに卒業が危うくなったんで、4年生になった時にはバンドを抜けさせてもらって、学業に専念したんです。何とか無事に卒業することができましたよ。

※「踊る指揮者」として知られたスマイリー小原が率いたジャズのビッグバンド。昭和33年結成、昭和58年解散。

近田　偉いですね。僕の場合は、バンドにばかりかまけていたから、1年生を3回だったか繰り返して、大学を辞めちゃった（笑）。

鈴木　卒業が決まってから、またバンド活動を再開させました。その頃かな、ずっと親交の続いていた八大さんから声がかかったのは。八大さんが作曲の仕事で忙しくなると、彼が出るはずだったトリオでの生演奏の仕事に、しばしば僕が代役として駆り出されたんです。「クニちゃん、今日は銀座の『サンボア』でトラやってくれないかな？」という感じで。

近田　トラは、業界用語でエキストラの略称。つまり、代役のことですね。

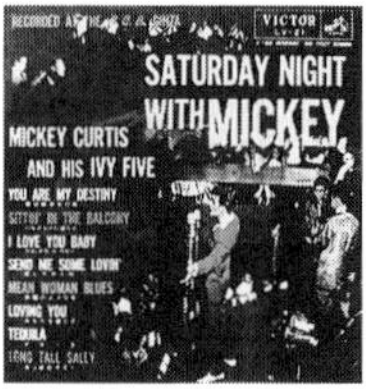

ミッキー・カーチスのアルバム

鈴木　現場に行ったら行ったで、ギタリストの坪井功さんとベーシストの永井啓二さんがとてもよくしてくれたんです。「そこは、ハーちゃん（八大さん）はこう弾いてたよ」とか、「ここのところのコードチェンジはこうするんだよ」とか、何でも包み隠さず教えてくれました。八大さんも含め、心の広い人たちでしたね。

近田　本格的なジャズに浸っていた邦彦さんが、その世界から一歩外へと踏み出すきっかけは何だったんですか。

鈴木　大学を出た後に、**ミッキー・カーチス**とアイビー・ファイブというバンドにピアニストとして加入するんです。ミッキーがやっていたのはロカビリーだったから、銀座の「ＡＣＢ《アシベ》」とか、日劇ウエスタン・カーニバルとかに出たりしましたよ。

近田　ミッキーさんとは何歳違うんですか。

鈴木　同い年なんです。向こうは、20歳ぐらいの時点で歌手として大スターになっていましたけどね。同世代で、すごく耳がよくって、いろんなことを教えてくれるって意味では、ミッキー・カーチスには大きな影響を受けましたね。おかげで、ロックの勘所をつかむことができた気がします。

近田　そのぐらいの段階では、プレイヤー志向が強かったわけですね。

鈴木　ええ、完全にそっちにのめり込んでいました。生ピアニストで通したいという考えがすごく強かったですから。

作曲家への転身

近田　その後、作曲家に転身したきっかけというと？

鈴木　新興楽譜出版社（現・シンコーミュージック・エンタテイメント）の専務だった草野昌一さんから声がかかったんです。

近田　草野さんは、楽曲制作や雑誌編集を手がけるその本業のスタッフとしてよりも、漣《さざなみ》健児（※）という名義の訳詞家としての方が有名かもしれません。

※昭和6～平成17年。坂本九「ステキなタイミング」、飯田久彦「ルイジアナ・ママ」、中尾ミエ「可愛いベイビー」など、訳詞は400曲を超える。

鈴木　草野さんに、ジョニー・ティロットソンの曲を書いてくれないかと頼まれまして。

近田　ジョニー・ティロットソンは、本国アメリカでも確固たる地位を確立した歌手でしたが、日本への出稼ぎのような形で「涙くんさよなら」（昭40年9月）をリリースしたと

「ユー・アンド・ミー」

ころ、大ヒット。その後、我が国でも継続的にレコードを発表します。

鈴木　そのうちの一曲が、**「ユー・アンド・ミー」**(昭41年1月)。僕が作曲しています。

近田　ところが、作曲家としてクレジットされているのは、〝ハリー・ウィリアムス〟なる外国人のごとき人物の名前です。

鈴木　それはね、洋楽を輸入したように思わせたいから、外国人っぽい名前にしてくれって頼まれたんですよ。作詞の〝ジョニー・ウッドマン〟も、正体は高崎一郎さんだから(笑)。

近田　高崎さんは、「オールナイトニッポン」の初代パーソナリティを務めたディスクジョッキーの先駆けですね。このクレジット擬装のメソッドは、前年にリリースされたエミー・ジャクソンによる和製ポップス第1号「涙の太陽」と一緒。あの曲の作詞者はR.H.Riversとされていましたが、実は、湯川れい子さんが自分の名前をもじった筆名だった。

鈴木　まあ、そういう風潮があったんですよ。

近田　「ユー・アンド・ミー」のディレクターは、当時、日本グラモフォンのディレクターだった渡辺栄吉さん、つまり、後の筒美京平さんだったんですね。

鈴木　今になって考えてみれば、運命的な出会いでした。

「恋のハレルヤ」の誕生秘話

近田　その後、邦彦さんは、若くしてヒットメーカーとして歌謡曲の世界に地位を築きますね。なかでも、黛ジュンさんの歌った「天使の誘惑」（昭43年5月）は、レコード大賞を受賞する代表作となります。前年の**「恋のハレルヤ」**（昭42年2月）もヒットしました。

鈴木　あの曲調に関しては、詞を書くことになったなかにし礼さんから提案があったんですよ。美空ひばりの「リンゴ追分」（昭27年5月）と、ペレス・プラード楽団の演奏なんかで有名なラテンのスタンダード「タブー」を頭に思い描いてほしいと。

近田　「タブー」は、後に、ザ・ドリフターズの加藤茶さんのストリッパーを模したコントのBGMに用いられたことで知られることとなりました（笑）。しかし、その2曲を組み合わせるという発想

「恋のハレルヤ」

は何とも突飛ですね。

鈴木　そこが、礼さんのヒットメーカーたる所以《ゆえん》なんでしょうね。彼とは、「恋のハレルヤ」で初めてタッグを組んだんですが、こちらが提出する曲に対して、なかなか首を縦に振らなかった。世に出たのは向こうが少し先とはいえ、同い年なわけだからちょっと腹が立って、この仕事を断ろうと思ったら、こう言う。「ここに１００人がいるとしよう。その中には音楽にまったく興味のない人間もいるだろう。そんな中でも、限りなく１００人に近い、97人なり98人の耳にピンとくる曲を書いてほしいんだ」

近田　その楽理的帰結が、「リンゴ追分」と「タブー」の合体だったと。

鈴木　そんな苦い経緯があったから、最後の最後のデモテープを渡す時、ディレクターに対して、もうこの曲は煮るなり焼くなり勝手にしてくれと告げたんですよ。それ以来、その曲の存在すら、半ば忘れていた。

近田　強気ですね。

鈴木　若かったその頃は、怖いものなんてなかったし、自分の腕前に自信を持っていたから、「歌謡曲？　まあ、頼みにくりゃ、書いてもいいけどさ。そんなのお茶の子さいさいだ」みたいな意識を持ってたんですよ。

近田　実際、歌謡曲の作曲経験はなくても、より高度な音楽的素養が求められるジャズバンドのアレンジはこなしていたわけですもんね。

鈴木　今だったら、そんな態度のやつはレコード会社からすぐに切って捨てられちゃうと思うんだけど（笑）。

近田　もしもそこで切って捨てられていたら、日本歌謡史が変わりましたよ。

鈴木　「生意気なんだけど、あいつはなかなかやるよ」と思われるぐらいのスタンスを取るのが、若い駆け出しの頃にはちょうどいい処世術なんですよ。

近田　確かに。まあ、それも才覚あってこその話ですが。

鈴木　それからしばらく経ったある日、六本木の中華料理屋で食事をしていると、テレビから何だか聞き覚えのあるメロディーが流れてきた。それが「恋のハレルヤ」だった。あわててレコード会社に電話したら、大ヒットしてるんだという。自分は、「恋のハレルヤ」という曲名がついたことすら知らなかったから、そりゃ驚きましたよ（笑）。

近田　びっくりしますよね。勝手にしてくれと言ったら、本当に勝手にリリースされていたというのも、今じゃ考えられない。

鈴木　僕ら新世代の作曲家には、既成の大家に対する反発があった。「誰かにへいこら頭を下げなくても、食っていけるんだよ」という自負があったんです。その頃の日本には、そういう枠がった態度に対し、「そうだそうだ、あんちゃん！」と手を叩いて共感してくれる土壌があったと思うんですよね。そんな世相も、ヒットを後押ししたんじゃないかと。

ゴールデン・カップスのヒット曲「長い髪の少女」

近田　そして、歌謡界は和製ポップスの時代からGSの時代へと移り変わる。さまざまなグループが群雄割拠する中でも、邦彦さんが関わったバンドとしては、ゴールデン・カップスが筆頭に挙げられます。

鈴木　彼らは、黛ジュンの紹介でデビューしたんですよ。それ以前も、僕はいくつかのGSに請われて曲を書いていたけど、ヒットと呼べる数字を残したのは彼らが最初だと思う。

近田　デビュー曲「いとしのジザベル」も鈴木作品ですが、それまで渋いR&Bのカバーなどを演奏していた彼らが、ああいう歌謡曲っぽいナンバーでデビューすることには、正直、かなりの違和感を覚えたんですよ。それ以前に、ゴールデン・カップスのライブをご覧になったことはありましたか。

鈴木　うーん、記憶にないから、恐らく観たことはないのかな。ただ、彼らは、僕とそれほど年が離れていなかったから、同時代の音楽に対する感覚は、ある程度共有できていたと思います。まあ、従来の専属制の作家先生たちに比べればだけど。GSのメンバーに対しては、あんまり先輩面することもなく付き合えたんだよね。それが、その後の楽曲依頼にもつながっていったんじゃないかな。

近田　カップスにおいて最大のヒットが、3枚目のシングル**「長い髪の少女」**。この曲も、邦彦さんが作・編曲を手がけています。

鈴木　僕にとっても、GSに提供した中では一番好きな曲なんですよ。まあ、結果的にヒットした曲は、自分にとってどれも可愛いんですけどね（笑）。

近田　この曲の作詞を手がけたのは、橋本淳さん。作詞家としては、なかにし礼さんと並ぶGSの二大ヒットメーカーです。礼さんと淳さんの違いというと？

「長い髪の少女」

鈴木　GSの場合は、だいたい曲の方を先に作ってそこに詞を付けることが多かったんだけど、礼さんは、サビを変えた方がいいんじゃないかとか、いろいろと意見を出すタイプだったね。一方の淳さんは、曲作りの範疇まで踏み込んでくることはあまりなかった。

傑出したシンガー、マモル・マヌー

近田　「長い髪の少女」は、デイヴ平尾が歌っていたそれまでの2枚とは変わって、ドラマー専任だったマモル・マヌーがリードヴォーカルを取っています。

鈴木　僕の提案で歌ってもらうことになったんです。デイヴには、「申し訳ないけど、今回は〈どうぞ〉だけで勘弁してくれ」とお願いしてね。彼は快諾してくれました（笑）。

近田　なるほど、だからデイヴはサビの頭だけの妙な入り方になったんですね。マモル・マヌーは本当に歌が上手いですからね。70歳を過ぎるまで自分が歌声を聴いてきた数々のシンガーの中でも、その能力は傑出していると思うぐらい。

鈴木　僕もずっと、マモルはいい声を持っているなあと感じていました。

近田　その才能が天性のもので、何の鍛錬もせずにあそこまでいっちゃったのがまたすごい。努力しないといえば、あの人、まったく歌詞覚えないんですよ。これは解散した後の話だけど、俺たちですら空で歌えるような「長い髪の少女」を、マモル・マヌー本人は、ノートに書かれた歌詞を見ながら歌ってた（笑）。

鈴木　それはなかなかのエピソードですね。

近田　ある時は、「長い髪の少女」を歌ってたら、譜面台から歌詞カードが落っこっちゃった。そしたら、全然歌えなくなっちゃったんです（笑）。

鈴木　マモルらしい話かもしれない（笑）。

近田　カップスのレコーディングでは、大概の場合、メンバー自身ではなく、スタジオミュージシャンが演奏していたと聞きます。

鈴木　そうそう。ベースが江藤勲、ドラムスに石川晶《あきら》という組み合わせが多かったんじゃないかな。ピアノは江草啓介とか。僕が自分で弾くこともあったけど。

近田　つまり、ジャズ畑出身の方が多かったわけですね。

鈴木　なかなかいいチームが出来上がっていたんですよ。意思疎通も容易だった。

1、2週間で曲を書き上げる

「ついておいで」

近田　カップス以外に邦彦さんが書いたGSナンバーについてお聞きします。シャープ・ホークスのデビュー曲**「ついておいで」**（昭和41年9月）は、僕も、近田春夫&ハルヲフォンというバンドでカバーさせていただきました。

鈴木　彼らは5人組のコーラスグループで、まだグループサウンズというジャンル名が生まれる前にデビューしたんですよね。あれはまあ、すごく簡単に作った曲ですよ（笑）。

近田　ギターの山口冨士夫、ヴォーカルの瀬川洋《ひろし》などが在籍したザ・ダイナマイツの**「トンネル天国」**（昭42年11月）も好きなんですよ。早すぎたパンクともいえる荒々しい演奏は、今に至るも新し

「トンネル天国」

いリスナーを惹きつけています。

鈴木　あの曲、アレンジはバンド自身が手がけてましたね。

近田　B面の「恋はもうたくさん」は、一転して歌謡曲調。コントラストの強いあの組み合わせは、邦彦さんが意図したものだったんですか。

鈴木　……全然覚えてないなあ。「恋はもうたくさん」って、どんな曲だっけ？

近田　俺、A・B面どっちも好きだったから、その発言はショックですよ！（笑）

鈴木　とにかく、次から次へと量産していたから、記憶にない曲も多いんですよね。

近田　グループサウンズの場合、作曲の依頼を受けてからレコーディングまでは、どのぐらいの時間の余裕があったんでしょうか。

鈴木　かなり短かったですね。1週間か2週間で書き上げないと、まず次の仕事は来なか

ったんじゃないかな（笑）。

近田　シビアですね。邦彦さんはアレンジャーでもある。作・編曲をともに手がける際は、最終的な仕上がりをイメージしてから書き始めるんですか。それとも、曲を書きながらシミュレーションを進めていくわけですか。

鈴木　どちらかと言えば後者ですね。さらに言えば、僕の書いたものをミュージシャンたちに好き勝手に演奏してもらってから、「うーん、サビのところはもっとドラムを効かせてよ」というように、その場の雰囲気をアレンジに上手く採り入れていった。逆に、スタジオミュージシャンやバンド自身の意見を汲み上げることもありました。「このサビ、歌いにくいんだよな」なんて言われちゃったりして。

近田　柔軟な作り方だったんですね。

鈴木　結局、ステージで歌うのはそのバンドなわけだから、意見はやっぱり聞いた方がいい。もしも、僕じゃなくて浜口庫之助先生に曲を作ってもらったら、黙って「ははーっ」と押し戴くしかない。「ここ直してほしいんですが」なんて言えないわけですよ（笑）。

筒美京平との相互の影響

近田　売れてからは、邦彦さんに対するレコード会社の態度は変わりましたか。

鈴木　とにかく、いろんな会社のディレクターが僕の仕事場に押し寄せるようになった。彼らに、思いついたフレーズをピアノで弾いて聴かせるんだけど、気に入った瞬間に相手の顔色が変わるじゃない？　「あ、この人にはこういうのがいいのかな」ってすぐ分かるから、面白かったですよ。

近田　その場のやり取りで曲の大筋を固めちゃうわけですね。

鈴木　こういう方法でやっていけば、こっちから売り込みしなくても、向こうから「何かいいのあるんだって？」って問い合わせが来るんだなと学びました。

近田　他にも、ジャガーズなどに楽曲を提供していますが、当時、自分以外が作ったＧＳ楽曲も、興味を持ってチェックなさっていたんですか。

鈴木　もちろん関心はありましたけど、それらに似せたものを自分の作品として世に出すことは、心して避けてきたような気がします。

近田　邦彦さんが脚光を浴びた後、さほど間を置かず、筒美京平さんもブレイクします。

鈴木　京平さんは、僕よりもはるかにセンスがあって、はるかに音楽性も高い。当たって当然だと思いましたよ。

近田　京平さんって、すごく邦彦さんの影響を受けてますよね。

鈴木　彼は僕の2歳下なんだけど、当時、彼にはいいライバルが存在しなかったんですよ。だから、自然な成り行きで、すごくざっくばらんに付き合うようになりました。

近田　京平さんは、邦彦さんのことを「クンちゃん」と呼びますよね。邦彦さんは、京平さんのことを何と呼んでいたんですか。

鈴木　「京平さん」でしたね。こっちの方が年長なんだけど（笑）。

近田　京平さんには、そうさせる雰囲気がありますよね。レコード会社のディレクターだった実弟の渡辺忠孝さんは、仕事の関係で会った場合はお兄さんのことを「京平さん」と呼んでいたんだけど、京平さんは、どこで弟に会おうと「ター坊」と呼んでたそうです（笑）。

鈴木　京平さんという才能からは多くのものを学びました。もしも彼があの頃、頭角を現してくれなかったら、今の僕はなかったと思う。支えられた部分は大きいですよ。

「情熱の嵐」

「恋の奴隷」

運に恵まれた作曲家人生

近田　GS以外にも、邦彦さんは、奥村チヨの**「恋の奴隷」**（昭44年6月）、森田健作の「さらば涙と言おう」（昭46年3月）、朱里エイコの「北国行きで」（昭47年1月）、西城秀樹の**「情熱の嵐」**（昭48年5月）など、たくさんの大ヒット曲を世に放っています。自分の作曲した楽曲の中で、自信作と呼べるお気に入りはどの曲になりますか。

鈴木　うーん、難問だね。

近田　いちいち覚えていられないぐらいの数の曲を書いてらっしゃいますからね（笑）。

鈴木　そこまで一つの曲に思い入れを込めたら、次の曲が書けなくなっちゃうから。一番大事なことは、早く書いて、早く忘れるってことです。

近田　作曲家としての長い軌跡を振り返ってみて、どんなことを感じますか。

鈴木　作曲家の世代交代が始まった混迷期にスタートを切れたことは、実に幸運だったと思いますね。5年早く、もしくは5年遅く生まれていたら、このチャンスをつかむことはできなかったかもしれない。

近田　才能はもちろん、運というものも大切なんですね。

鈴木　中村八大さん、筒美京平さん、そしてさまざまなアーティストやスタッフ……、出会うべき時に出会うべき人に出会うことができた。運に恵まれた作曲家人生だったと感謝しています。

【第3部】　近田春夫が選ぶGS10曲

こうして——風流ではなく——直球勝負で大好きな10曲を選んでみると、結局、鈴木邦彦、筒美京平、村井邦彦に、橋本淳、なかにし礼、漣健児、阿久悠という大御所作家陣の力量をいやというほど見せつけられるラインナップと相成ったわけだが、そうしたなかでも、松崎由治作品の持つ絶対的独創性がますます輝きを増すことをあらためて実感させられた格好である。

ザ・ダイナマイツ「**恋はもうたくさん**」
作詞：橋本淳　作曲：鈴木邦彦　編曲・ザ・ダイナマイツ
昭和42年11月5日発売　ビクター

今となればこの作品ほどGSというアートフォームがいずれ消えゆく刹那的存在／運命であったことを思い起こさせる景色の楽曲はない。それにしてもこの名曲を作曲者・鈴木邦彦がどんな曲か覚えていない！　とは。最高のエピソードだ。

ザ・ジャガーズ「ダンシング・ロンリー・ナイト」
作詞：漣健児　作曲：鈴木邦彦
昭和42年10月5日発売　フィリップス

ビッグヒット「君に会いたい」の後を受けて発表された佳曲。エレキコンボならではの歌謡曲の魅力を堪能出来る。

オックス「ダンシング・セブンティーン」
作詞：橋本淳　作・編曲：筒美京平
昭和43年9月5日発売　ビクター

ザ・ジャガーズ「星空の二人」
作詞：橋本淳　作・編曲：筒美京平
昭和43年9月25日発売　フィリップス

この2曲はほぼ同時期の発売である。その時代のアメリカ黒人音楽／リズム

&ブルースを筒美京平がどう解釈し咀嚼《そしゃく》したのか。2曲を聴き比べると色々発見もある。

ザ・ゴールデン・カップス **「本牧ブルース」**
作詞：なかにし礼　作・編曲：村井邦彦
昭和44年2月1日発売　キャピトル

ずーっと鈴木邦彦さんだと思っていたら村井邦彦さん作曲だったのでびっくりした思い出がある。もろブルース・プロジェクトの「I can't Keep from Crying Sometimes」なんだけど、微妙にバート・バカラックの「ボンド・ストリート」の匂いを感じてしまうのは私だけでしょうか？　パシフィック・ガス&エレクトリックの「Are You Ready」の気配もあるんだけど発売日的にそれはきっと違うね。カップスで一番歌いたくなる曲です。

ザ・ゴールデン・カップス「**いとしのジザベル**」
作詞：なかにし礼　作・編曲：鈴木邦彦
昭和42年6月15日発売　キャピトル

本格的リズム&ブルースのバンドがデビュー！　ということで期待していたら、何だか訳の分からない曲調で、拍子抜けしてしまったが、聴くほどに癖になってしまう。デイヴ平尾の味わい深い歌唱の原点ここにあり。

ザ・モップス「**朝まで待てない**」、
作詞：阿久悠　作・編曲：村井邦彦
昭和42年11月10日発売　ビクター

これは聴いた瞬間に、歌謡曲とは違う表現だと思ったものだ。ジェファーソン・エアプレインのサイケデリックサウンドを見事換骨奪胎してみせた村井邦彦の論理性、阿久悠の描くストーリーの新鮮さ。これは傑作である。

ザ・テンプターズ**「忘れ得ぬ君」**
作詞・作曲：松崎由治
昭和42年10月25日発売　フィリップス

ワンシークエンスで作られたこの楽曲構造を、その後誰も受け継ぐもののなかったことは今でも残念でならない。日本の音楽が違う方向に発展するチャンスだったのに……。ショーケンがヴォーカルではなくブルースハープに徹するフォーメーションもカッコよかった。

ザ・スパイダース**「太陽の翼」**
作詞・作曲：利根常昭　編曲：ザ・スパイダース／林一
昭和42年3月1日発売　フィリップス

スパイダースの作品の中では地味なものだが、理屈抜きに好きな曲なのである。堺さんのクセの強い歌い方がたまらない。

ザ・スパイダース**「ノー・ノー・ボーイ」**
作詞：田辺昭知　作曲：かまやつひろし
昭和41年2月10日発売　フィリップス

田辺昭知の歌詞の何ともいえぬエロさ。かまやつひろしの曲調のつかみどころのなさ。とにかくこれは一度聴いたらクセになる不思議な名曲だ。これもやはり理屈抜きで大好きなのである。

【付録】下井草秀が選ぶＧＳ10曲

下井草秀　昭和46年宮城県生まれ。エディター／ライター。本書において聞き手と構成を担当した。ほかに構成・執筆を手がけた書籍に、近田春夫『筒美京平　大ヒットメーカーの秘密』（文春新書）、同『調子悪くてあたりまえ　近田春夫自伝』（リトルモア）、ジェームス藤木『ジェームス藤木　自伝』（シンコーミュージック・エンタテイメント）、横山剣『僕の好きな車』（立東舎）、細野晴臣・星野源『地平線の相談』（文藝春秋）などがある。

近田氏のまえがきにもあるように、マニアックな内容を避け、王道を中心にグループサウンズを語ってきた本書であるが、ＧＳファンにはわびさびや風流を好む向きが多いことは先刻承知である。正史からはこぼれ落ちてしまいがちなものの愛さずにはいられない楽曲を、ここで発売日順にサルベージすることとする。

ザ・ダイナマイツ「**トンネル天国**」
作詞：橋本淳　作曲：鈴木邦彦　編曲：ザ・ダイナマイツ
昭和42年11月5日発売　ビクター

過剰にもほどがある爆発力および疾走感でひたすら押し切った、パンキッシュな名曲。世間がロックンロールという言葉に対して持つ大雑把なイメージが、高い純度でここに結晶している。牧歌的な歌詞がまた楽しい。後述のザ・ファントムギフトもカバーしている。

ザ・レンジャーズ「**赤く赤くハートが**」
作詞：山口あかり　作・編曲：新井靖夫
昭和42年11月10日発売　クラウン

苦しみまくり、悶えまくり、息も絶え絶えに歌い上げるそのヴォーカルは、オックスの失神とはまた違う方向性のエクストリームなパフォーマンスに到達している。その情念の暴発には、森進一、青江三奈、矢吹健らとの共時性も感じるのだ。

ザ・ジェノバ**「サハリンの灯は消えず」**
作詞：若木香　作曲：北原じゅん
昭和43年2月10日発売　クラウン

この曲に初めて触れたのは、１９９２年頃のこと。テレビを観ていたら、スパンキーなる男性アイドルトリオがユーロビート調にアレンジされたこの曲を披露していて、あまりの時代錯誤っぷりに腰を抜かした。その後、オリジナルはＧＳの泡沫グループの楽曲だったと知る。時代性に鑑みれば、ここには、歌声喫茶的なセンスが盛り込まれていたのだろうか。

ザ・ガリバーズ **「赤毛のメリー」**
作詞：橋本淳　作・編曲：筒美京平
昭和43年7月1日発売　エキスプレス

3分という短い尺に、無闇な転調をはじめ、プログレのごときめくるめく展開が詰め込まれた怪曲は、筒美京平のキャリアにおける一つの謎。ヒップホップユニット、A.K.I.PRODUCTIONSの「素晴らしき日本野球」（1993年7月）はこの曲を見事にサンプリングしているので、ぜひお聴きいただきたい。

アダムス **「旧約聖書」**
作詞：山上路夫　作曲：村井邦彦　編曲：東海林修
昭和43年9月5日発売　CBS・ソニー

元アウト・キャストの水谷公生と轟健二が結成したバンドがアダムス。大風呂敷を広げたタイトルにふさわしい壮大な曲調は、セシル・B・デミルの『十戒』など、ハリウッドの大作映画を彷彿とさせる。とはいえ、ここではアダムとイブの登場までしか歌っていないので、せいぜい「創世記」というタイトルがいいところではないかと思われる。

ザ・リード**「悪魔がくれた青いバラ」**
作詞：尾中美千絵　作・編曲：鈴木邦彦
昭和43年10月25日発売　RCA

加山雄三の妹がフィリピンから呼び寄せたデ・スーナーズなど、GSには、外国人のみで構成されたバンドも存在した。ザ・リードは、在日米国人の4人組。片言の日本語が味わい深い。このシングルでデビューした後、大麻不法所持で逮捕されたメンバーの代わりに加入したのが、アラン・メリル。著名な女性ジャズシンガー、ヘレン・メリルの息子である彼は、後に近田春夫とともに〝ゴジラ〟というバンドを結成する。

ザ・ブルーインパルス「**メランコリー東京**」
作詞：なかにし礼　作曲：村井邦彦　編曲：川口真
昭和44年3月5日発売　RCA

GSのムード歌謡化を象徴する一曲。というか、ムード歌謡そのもの。村井邦彦というと、ソフィスティケートされた作風を想像するが、職人として、こういう通俗的な曲も書けるのかと感心させられる。深夜の場末のスナックのカラオケで、ごくごく薄い水割りを片手に小指を立てながら歌いたい。

ズー・ニー・ヴー「**ひとりの悲しみ**」
作詞：阿久悠　作・編曲：筒美京平
昭和45年2月10日発売　コロムビア

このシングル自体はさして売れなかったが、翌年、阿久悠が歌詞を改変し、別の歌手がリリースしたヴァージョンがほぼミリオンセールスを記録する。それが、尾崎紀世彦の「また逢う日まで」（昭和46年3月）。ヴォーカルの町田義人は、ソロ転向後、映画『野性の証明』の主題歌「戦士の休息」（昭和53年8月）をヒットさせる。

PYG **「自由に歩いて愛して」**
作詞：安井かずみ　作曲：井上堯之　編曲：PYG
昭和46年7月21日発売　ポリドール

スーパーグループ、PYGのセカンドシングル。ジュリーとショーケンのツインヴォーカルには、やはり華がある。曲調は「太陽にほえろ！」のメインテーマを先取りしたようなジャズファンクで、間奏における大野克夫のオルガンソロが恐ろしくカッコいい。この曲名は、90年代、和モノに特化した人気クラブイベントの名前にも流用された。

ザ・ファントムギフト「ハートにＯＫ！」
作詞：ピンキー青木　作曲：ナポレオン山岸、サリー久保田　編曲：ザ・ファントムギフト、小西康陽
昭和62年4月1日発売　ミディ

番外的に、昭和末期に狂い咲いたムーヴメント、ネオＧＳを代表するバンドによるメジャー唯一のシングルを選出。ネオＧＳとは、単なる懐メロのパロディではなく、モッズ、ガレージ、サイケといったスタイリッシュなジャンルの要素をＧＳに見出す試みだったと思う。その点で、後の渋谷系を準備したとも言えるだろう。

参考文献

『日本ロック紀GS編　コンプリート』（黒沢進著、シンコーミュージック・エンタテイメント刊）
『黒沢進著作集』（黒沢進著、ウルトラ・ヴァイヴ刊）
『日本の60年代ロックのすべて』（黒沢進著、ウルトラ・ヴァイヴ刊）
『昭和歌謡　ポップスアルバムガイド1959―1979』（馬飼野元宏監修、シンコーミュージック・エンタテイメント刊）
『昭和歌謡　職業作曲家ガイド』（馬飼野元宏監修、シンコーミュージック・エンタテイメント刊）
『GS1965～1970　ロック・バンドが〝グループ・サウンズ〟と呼ばれた時代』（近代映画社刊）
『歌謡曲　名曲名盤ガイド　作曲家編1959♧1980』（ウルトラ・ヴァイヴ刊）
『筒美京平ヒットストーリー1967―1998』（榊ひろと著、白夜書房刊）
『ロング・グッバイのあとで』（瞳みのる著、集英社刊）
『ヒットソングを創った男たち　歌謡曲黄金時代の仕掛人』（濱口英樹著、シンコーミュージック・エンタテイメント刊）
『踊る昭和歌謡　リズムからみる大衆音楽』（輪島裕介著、NHK出版新書）
『芸能界誕生』（戸部田誠［てれびのスキマ］著、新潮新書）
「ミュージック・マガジン増刊　筒美京平の記憶」（ミュージック・マガジン刊）

※本書のプロフィールや注を作成するに当たって、とりわけ『日本ロック紀GS編　コンプリート』には

多大な恩恵を被った。

近田春夫（ちかだ はるお）

1951年東京都生まれ。音楽家。慶應義塾大学文学部中退。75年に近田春夫&ハルヲフォンとしてデビュー。その後、ロック、ヒップホップ、トランスなど、時代の最先端のジャンルで創作を続ける。また、タレント、ラジオDJ、CM音楽作家、作詞家、作曲家、プロデューサーなどとしても活躍。文筆家としては、「週刊文春」にJポップ時評「考えるヒット」を24年にわたって連載した。著書に『調子悪くてあたりまえ　近田春夫自伝』（リトルモア）、『筒美京平　大ヒットメーカーの秘密』（文春新書）、近作にソロアルバム『超冗談だから』、ベストアルバム『近田春夫ベスト～世界で一番いけない男』などがある。現在は、バンド「活躍中」、ユニット「LUNASUN」のメンバーとしても活動している。

文春新書

1381

グループサウンズ

2023年2月20日　第1刷発行
2023年3月10日　第2刷発行

著　者　　近田春夫
発行者　　大松芳男
発行所　　株式会社　文藝春秋

〒102-8008　東京都千代田区紀尾井町3-23
電話（03）3265-1211（代表）

印刷所　　理想社
付物印刷　大日本印刷
製本所　　大口製本

定価はカバーに表示してあります。
万一、落丁・乱丁の場合は小社製作部宛お送り下さい。
送料小社負担でお取替え致します。

ISBN978-4-16-661381-6